孙子美学的真谛，不是粉饰战争之凶危，而是稀释战争之灾祸；不是喧嚣用兵之淫巧，而是追寻生活之绚美。

——题记

美眼看孙子

路秀儒／著

山东人民出版社·济南

图书在版编目（CIP）数据

美眼看孙子/路秀儒著．--济南：山东人民出版社，2018.5

ISBN 978-7-209-11299-4

Ⅰ．①美… Ⅱ．①路… Ⅲ．①兵法－中国－春秋时代②《孙子兵法》－研究 Ⅳ．①E892.25

中国版本图书馆CIP数据核字(2018)第012337号

美眼看孙子

MEIYAN KAN SUNZI

路秀儒　著

主管部门　山东出版传媒股份有限公司
出版发行　山东人民出版社
社　　址　济南市英雄山路165号
邮　　编　250002
电　　话　总编室（0531）82098914
　　　　　市场部（0531）82098027
网　　址　http://www.sd-book.com.cn
印　　装　山东华立印务有限公司
经　　销　新华书店

规　　格　16开（169mm×239mm）
印　　张　13
字　　数　220千字
版　　次　2018年5月第1版
印　　次　2018年5月第1次
印　　数　1-6000
ISBN 978-7-209-11299-4
定　　价　39.00元

美溢力张亦风流（自序）

鲁迅曾经指出，一切艺术的本质都在于“使观听之人，为之兴感怡悦”。换句话说，真正有艺术水准、给人带来美感的东西，才能让人兴致盎然，才会让人由衷亲近，也才有可能留传于世。

美，是让人赏心悦目的东西。人类具有爱美、趋美、恋美乃至“醉美”的天性，美对人类具有天然的诱惑力、征服力。康德就说过：“崇高使人感动，优美使人迷恋。”孔子在齐国，当听到乐师给他演奏的《韶乐》时，完全为这美妙的音乐陶醉了，以至于三个月尝不出肉的味道。他赞叹道：想不到《韶乐》的完美达到了如此迷人的地步，并称赞《韶乐》：“尽美矣，又尽善也！”

在中华传统文化的宝库里，不仅有引人入胜的《韶乐》，魅力无穷的诗词、歌赋、美术、书法等等，还有博大精深的兵法。然而，提起兵法，给人的感觉总是既冰冷血腥，又晦涩生硬，让人有一种莫名的距离感、排斥感。这或许是古代一些颇有价值的兵书，十分可惜地亡佚于世的重要缘由。从这种意义上说，兵法的生命力，既取决于它的思想内涵、应用价值，又与它的美学含量有着直接的关系。唯有那些既能指导作战又给人以美感的兵书，才会走出兵书变“冰书”的怪圈，让冰冷生硬的兵法变得有温度、有温情，才会让更多世人萌生共鸣、雀跃共赏、雅怡共享，进而被广泛传诵、接纳和受用。恰如孔子在《论语·雍也》中所说：“知之者不如好之者，好之者不如乐之者。”

中国古代兵法典籍可谓浩如烟海、汗牛充栋，《孙子兵法》能够脱颖而出、“鹤立鸡群”，被誉为“兵学圣典”，跨越数千年而“香火不断”，与其博大精深的思想内涵及其创新思维密不可分，而蕴含其间的美学成分则是不可小觑的因子。从《孙子兵法》的作者孙武来看，他不仅是位令人敬仰的“兵圣”，而且也是一位名副其实的“美匠”。孙武这位兵学大师，像《庄子》书中“削木为鐻”的梓庆，以匠心铸就兵书，以匠术塑造美感；又像是一位技艺高超的耕夫，在战争的泥淖里栽种着玫瑰，栽种着希望，令人心旌荡漾，让人追慕不已。这正是，文章千古事，兵书万世系。美溢则力张，匠美铸风流。

我们说孙武懂美学、《孙子兵法》中有美学，是有根基、有渊源的。美学属于哲学的范畴，是哲学的分支；哲学是美学的基础，它为美学提供了世界观和方法论，二者相互渗透、相互促进、相得益彰。从历史上看，大美学家几乎都是大哲学家，正是美学基本问题的哲学性质，决定了哲学家在探讨和追求美学方面具有得天独厚的条件。老子、孔子、庄子、荀子、墨子这些巨子、圣人，既是大哲学家，又在美学上有重大建树，他们的美学是他们哲学体系的一部分。比如孔子，曾经用绘画来比喻礼，用雕刻来比喻教育。比如庄子，往往喜欢用艺术做比喻说明他的思想。孙武既是军事理论家，同时也是哲学家；《孙子兵法》既是一部军事理论专著，同时也是一部公认的哲学著作。孙武的哲学素养、哲学情怀，《孙子兵法》蕴含的哲学思想、彰显的哲学情致，注定了美学与之相生相随、牵手相伴。

庄子妻死，惠子前去吊唁，庄子之所以不悲不哭，反而“鼓盆而歌”，是因为他以自然美的眼光看待人之死，以浪漫主义的思维发现了死亡之悲中的美。这说明，世间之美无处不在，贵在学会去发现，贵在学会去欣赏。《孙子兵法》里不仅仅有兵法，而且有风景、有图画、有韵味、有故事，是人性之温、理性之智、诗性之美的浑然体。《孙子兵法》的美学思想，如散花空中，缤彩纷呈，让这部承载着丰厚兵学智慧的兵书熠熠生辉、格外亮丽，让人心花怒放不止；又像跳动着的美妙音符和旋律，让一部原本充斥着杀气和血腥味的兵书变成千古传奏的乐章，让人陶醉高逸不已，甚至于流连忘返，“乐不思蜀”。《孙子兵法》的美学，建立在一个历史的长河之中，既得益于前世美学的积淀，也缘于后世美学的映照。我们可以这样说，不管《孙子兵法》中的美学因子、美学元素，以及给人带来的美感愉悦，是来自孙武的“有意栽花”，还是来自他的“无心插柳”，抑或来自外部的“灵犀一点”，都丝毫影响不到它的美学品位、美学品质，丝毫影响不到人们对它那丰厚清醇之美的感觉与感应。倘若静下心来，就着一壶清茶，与恍在咫尺的孙武老先生“促膝长谈”，深嚼细咂他的字词句篇、形色音韵，绝妙玄丽会直扑眉宇、深入心田，让人仿佛走进一个既优雅又豪情的世界，多么惬意，多么提神，多么上品！那绝对是一种难忘的、回味无穷的审美享受。挖掘《孙子兵法》美学矿藏的初衷就在于，填补兵法美学研究的空白，同时也为人们把握《孙子兵法》的哲学智慧、兵学精髓独辟蹊径，打开新的一扇窗，为人们领略和感悟古代兵法在思想阐释方面的精妙绝伦，提供一种思路与方法上的借鉴。这样，也会把兵学界的这块“金字招牌”越擦越亮。

美亦醉人，醉亦美人。记得尼采说过，艺术世界的构成由于两种精神：一是“梦”，梦的境界是无数的形象；一是“醉”，醉的境界是无比的豪情。不妨趁着“一半清醒一半醉”的时候轻轻地提醒您：美极了！妙极了！读孙子、悟圣典，可别错过了对其多彩之美的追踪与品味哟！

那么，到底应该如何“读”、怎么“品”呢？这让人想起元末清初著名文学家、文学批评家金圣叹，他在《读第六才子书〈西厢记〉法》中，就如何读《西厢记》有这样一段经典之文：

> 《西厢记》必须扫地读之。扫地读之者，不得存一点尘于胸中也。《西厢记》必须焚香读之。焚香读之者，致其恭敬，以期鬼神之通之也。《西厢记》必须对雪读之。对雪读之者，资其洁清也。《西厢记》

必须对花读之。对花读之者，助其娟丽也。《西厢记》必须尽一日一夜之力，一气读之。一气读之者，总揽其起尽也。《西厢记》必须展半月一月之功，精切读之。精切读之者，细寻其肤寸也。《西厢记》必须与美人对坐读之。与美人对坐读之者，验其缠绵多情也。《西厢记》必须与道人对坐读之。与道人对坐读之者，叹其解脱无方也。

一代美学大师宗白华说：“美的踪迹要到自然、人生、社会的具体形象里去找。”那么，我们就拿出读《西厢记》的那种虔诚、那种性灵、那种雅致，到《孙子兵法》这个“具体形象”里去找美吧！

美醉人，圣化心。

目录

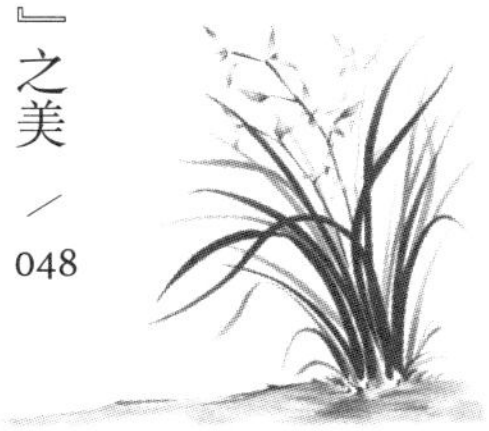

一　“全”之美

“美”，是美学的一个范畴。在一般人看来，“美”就是美学的核心所在。其实不然，“美”并不是美学的中心范畴。老子美学中核心的范畴不是“美”，而是“道”；孔子美学中核心的范畴也不是“美”，而是“仁”；孙子兵学中美学的核心范畴同样不是“美”，而是“全”。

“全”是美学的重要范畴。先秦哲学家荀子在他的美学论文《乐论》中有一句经典的话：“不全不粹不足以谓之美。”用中国现代美学大师宗白华的话说：“由于‘全’，才能做到孟子所说的‘充实之谓美，充实而有光辉之谓大’。”

“全”，既有内容上丰富、全面之涵，又有目标追求上完全、完美之义，还有空间上广大、无限之蕴。前者体现的是丰盈之美，中者体现的是完整之美，后者体现的则是高阔之美。断臂女神维纳斯，以残缺之美征服了世人，主要是巧妙地利用了人的“审美疲劳”，挖掘和展示了一种与众不同的美，是逆向思维、出奇制胜的结果。但这毕竟是一种“猎奇美”，真正为世人广为认同和接受的还是那种完整的美。道理很简单，时下为美而花重金去整容的大有人在，恐怕无人会为美而去断臂截肢。

《孙子兵法》最伟大的思想，是它的“全胜”思想。《谋攻篇》指出：“凡用兵之法，全国为上，破国次之；全军为上，破军次之；全旅为上，破旅次之；全卒为上，破卒次之；全伍为上，破伍次之。是故百战百胜，非善之善者也；不战而屈人之兵，善之善者也。”这种“不战而屈人之兵”的“全胜”，既是《孙子兵法》确立的最高战略目标，也是最完美的战略追求；孙子兵学最耀眼的美，就是其孜孜以求的“全”之美。这种美，不是丰盈之美，而是完整之美、高阔之美、极致之美。至今，地球人还在分享着《孙子兵法》“全胜”战略的“红利”，领略和欣赏着孙子兵学“全”之美的无穷魅力。

战争是一个异常残酷的政治游戏，无论是正义的战争还是非正义的战争，对国家经济社会发展都是破坏性的，对民众生活的影响都是灾难性的，人类生命所遭受的巨大损失是无法挽回的，实可谓“一将功成万骨枯”，战争给人类留下的几乎都是噩梦般的记忆。

孙武在《作战篇》中指出：“凡用兵之法，驰车千驷，革车千乘，带甲十万，千里馈粮，则内外之费，宾客之用，胶漆之材，车甲之奉，日费千金，然后十万之师举矣。”又说：“国之贫于师者远输，远输则百姓贫。近于师者贵卖，贵卖则百姓财竭，财竭则急于丘役。力屈、财殚，中原内虚于家。百姓之费，十去其七；公家之费，破军罢马，甲胄矢弩，戟楯蔽橹，丘牛大车，十去其六。”在《月间篇》中强调：“凡兴师十万，出征千里，百姓之费，公家之奉，日费千金。内外骚动，怠于道路，不得操事者，七十万家。”在孙武眼里，战争是一头非常令人畏惧的怪兽。

但是，战争毕竟是人类社会存在的一种“正常”现象，只要有利益纷争就会有滋生战争的基因和土壤，战争就会像个挥之不去的“幽灵”，时不时出现在人类面前。“好战必亡，忘战必危。”这是战争的规律和历史的警鉴。基于这种认识，理智的孙武要求人们不是回避战争，而是严肃地对待战争、认真地研究战争，他在《计篇》中大声呼吁：“兵者，国之大事，死生之地，存亡之道，不可不察也。”

一边是残酷无情、破坏力极大的战争危害，一边是客观存在的战争威胁，那么，怎样才能妥善处置好这对看似不可调和的矛盾，让人类免于或尽量少于战火的摧残呢？于是，孙武用兵提出了一种理想的境界，这就是不经过直接的或激烈的交战而使敌人屈服于我方意志，我方和敌方都得以保全，使战争取得圆满的结果，即“全胜”思想。

柏拉图说：‘好的东西就是美的东西。”那么，孙武“全胜”思想究竟好在哪里、美在何处呢?

(一)基点之美

孙武的“全胜”思想,把战争的基点放在“先胜”上,强调拥有胜利把握后再实施作战行动,也就是说,仗未开打,胜券已经在握。这种未战而先胜,既是“不战而屈人之兵”的实力基础,也是实现“易胜”的前提条件。它远离了盲目和侥幸,严守“不败”这条底线,追求“全胜”这条峰线,紧扣“易胜”这条主线,牢牢把握战争的主动权,实可谓美不胜收。对此,孙武在《形篇》中做了系统阐述。他说:“古之所谓善战者,胜于易胜者也。故善战者之胜也,无智名,无勇功。故其战胜不忒,不忒者,其所措必胜,胜已败者也。故善战者立于不败之地,而不失敌之败也。是故胜兵先胜而后求战,败兵先战而后求胜。”核心意思是说,打胜仗的军队,总是首先创造利于战胜敌人的条件,然后寻机同敌人进行交战;绝不能像打败仗的军队那样,总是先冒险地同敌人交战,而后企求侥幸取胜。

(二)手段之美

孙武极力倡导的“谋攻”手段,是一种相对文明的对抗手段。他在《谋攻篇》中提出:“故上兵伐谋,其次伐交,其次伐兵,其下攻城。”又说:“故善用兵者,屈人之兵而非战也,拔人之城而非攻也,毁人之国而非久也,必以全争于天下……此谋攻之法也。”“伐谋”“伐交”这种“谋攻之法”,选择了非暴力手段,或采取了低强度的暴力措施,没有或减少了那种你死我活的血腥拼杀、惨烈异常的生灵涂炭,凭借“纸上谈兵”“嘴上功夫”即实现了战争目的。战争展现在人们面前的,不是血流成河、尸横遍野,外加残垣断壁的恐怖凄惨景象,而是一种启人心智的“政治游戏”,或是一幅令人回味无穷的“狩猎图”。常言说,君子动口不动手。孙武倡导的这种“谋攻之法”,称得上“君子之法”,美在其中。

墨子救宋,可谓“全胜”的典型之作。楚国的公输盘发明并制作了攻城的云梯,准备用来作为楚军进攻宋国的利器。楚国强大,宋国弱小,后者根本不是前者的对手。墨子作为“非攻”的倡导者，当听说楚国要攻宋，就急急忙忙地从鲁国（也有说从齐国）动身去楚，走了十天十夜赶到楚国都城郢，劝阻楚王和公输盘。但楚王和公输盘仗恃拥有新式攻城云梯，不为墨子的游说所动。墨子于是同公输盘在楚王面前以衣带做城池，以木片做攻守城邑的武器，表演了一番楚攻宋守的“作战模拟”。结果，“公输盘之攻械尽，子墨子之守圉有余”，得出“云梯之攻败矣”的结论。墨子还对楚王说：“公输子之意，不过欲杀臣；杀臣，宋莫能守，乃可攻也。然臣之弟子禽滑厘等三百人，已持臣守圉之器，在宋城上而待楚寇矣。虽杀臣，不能绝也。”楚王和公输盘坚信宋国已经得到了墨子及其弟子破云梯的办法，并加强了防守力量。这迫使楚王放弃了侵宋的计划。对墨子成功救宋的范例，孙武推崇有加。据后人推测，他提出的“不战而屈人之兵”的思想，就是受到了墨子救宋的启示。手无缚鸡之力的墨子，成功地让不可一世的楚王变成“泄了气的皮球”，不得不放弃攻宋的计划，拯救了宋国及其黎民百姓，从而生动展现了“谋攻”手段之美、人性与智慧之美。

当然，《孙子兵法》中的“全”也是相对的，“全”中有“破”，“破”中有“全”。因此，孙武“全胜”思想的手段之美，还体现在攻防作战手段的精妙运用上。对此，他在《形篇》中做了形象而深刻的阐述。他说：“善守者，藏于九地之下；善攻者，动于九天之上，故能自保而全胜也。”

（三）过程之美

孙武在《谋攻篇》中描述了攻城的艰难过程，以及“攻之灾”，意在提醒人们尽力避免攻城之举。他说：“攻城之法为不得已。修橹轒辒，具器械，三月而后成；距闉，又三月而后已。将不胜其忿，而蚁附之，杀士三分之一，而城不拔者，此攻之灾也。”这种惨烈的过程，当然没有任何美感可言。要知道，战场上杀红了眼的双方，往往会失去基本的理智与良知，什么事情都能干得出来。古代战场上有人吃人、坑杀俘虏、野蛮屠城的场面，现代则有“南京大屠杀”式的屠杀平民现象，有“伦敦大轰炸”“重庆大轰炸”式的疯狂毁城现象，有使用生物武器、化学武器、贫铀炸弹等禁用武器的现象，可谓丑态百出、凶相毕露。发生在公元前260年的秦赵长平之战中，赵括率领的赵国军队，被白起率领的秦国军队围困于长平地区，断绝了与外界的一切联系和支援。四十多天后，赵军断粮，军队内部暗中杀人来吃。赵括组织了四支突围部队，五次冲锋，都打不开一条出路。绝望之中，赵括亲自披挂上阵，率领精锐部队强行突围，却被秦军乱箭射死。失去了主帅的赵军只能束手就擒。据《史记·廉颇蔺相如传》记载，这场战争，赵军“前后所亡凡四十五万人”。《史记·白起王翦列传》则说：“四十万人降”，白起“挟诈而尽坑杀之”。这种残酷无情的拼杀过程，这种惨绝人寰的屠杀行为，进一步衬托了孙武“全胜”思想的伟大，更加彰显了孙子兵学的“全”之美。

孙武所期望的对抗过程，要么是个不直接交战即可达到战争目的的过程，要么就是一个速战速决的过程。在孙武看来，“不战而胜”是“全胜”，而那种低强度、低损耗的“易胜”“速胜”，也是“全胜”思想的题中应有之义。久拖不决的战事往往会演变成一场灾难，唯有速战速胜的过程才是一个美妙的过程。他在《作战篇》中从持久之害的角度论证了速胜之利，他说：“其用战也胜，久则钝兵挫锐，攻城则力屈，久暴师则国用不足。夫钝兵挫锐，屈力殚货，则诸侯乘其弊而起，虽有智者，不能善其后矣。故兵闻拙速，未睹巧之久也。夫兵久而国利者，未之有也。”据此，他鲜明地提出了“兵贵胜，不贵久”的速胜主张。

（四）低耗之美

战争的根源在于利益之争，谋胜从本质上讲是谋利。那种“歼敌一千，自损八百”的消耗战，得不偿失，历来为兵家所忌。《孙子兵法》“利”字当头，强调“兵以利动”“合于利而动，不合于利而止”。那么，怎样才算“合于利”呢？任何事情不可能只有收获、没有投入，也就是说都是有成本、有代价的，无非是高与低、大与小的问题。战争问题上的“合于利”，说到底就是战争活动的低消耗、低成本、高效益。而能够达到这种理想目的的路径，唯有孙武的“全胜”思想、“谋攻”之法。孙武极力推崇和倡导军队不受挫而利益能够圆满获得的境界，即所谓“兵不顿而利可全”，让高损耗、高成本、高代价的战争望而却步，对遏制战争、控制战争发挥了重要作用，也从和平的角度展现了美的一面。

“9·11”事件后，美国打着“反恐”的旗帜，先后发动了阿富汗战争、伊拉克战争，结果长期深陷战争的泥潭，也给这些国家的人民带来深重灾难，不仅在道义上丢了分，而且自己付出了惊人的经济代价和重大的人员伤亡，美国国力从此陷入了持续衰退的历史进程；“反恐”也陷入了“越反越恐”的怪圈，恐怖势力成为威胁美国等西方国家乃至全世界的“头号杀手”。

美国及西方一些国家动辄以军事手段解决世界问题的做法，与孙武“全胜”思想背道而驰，与人类美好的前程与未来背道而驰，注定是要付出巨大代价的，也让人从中看到了西方世界虚伪、丑恶与愚蠢的一面。如果他们依仗军事上的优势，不计成本、不计代价地继续疯狂使用武力，而不思“全胜”之道、“谋攻”之法，则永远解不开恐怖主义这道世界难题。不过，美国和西方一些国家围绕伊朗核问题，选择了“伐交”而不是动武的手段，历史性地签订了相关协议，最终化解了这场核危机，对美国和西方国家来说可谓“兵不顿而利可全”，也让世人看到了美国和西方国家的“觉醒”和“进步”。

（五）结局之美

孙武将“全”作为战争的最佳结局，而非一味“求胜”，提出“夫百战百胜，非善之善者也；不战而屈人之兵，善之善者也”，其主旨是：胜负的标准不是赢得战争，而是赢得和平。孙武的“全胜”思想，把“伐谋”“伐交”作为优先选用的对抗手段，提出“必以全争于天下”“兵不顿而利可全”，即必须用全胜的谋略争取天下，确保军队不受挫而能够圆满获得胜利，从而避免或减轻了对社会财富、民众生活的严重破坏，既是对生灵的有力佑护，也是对人类文明的极大保护。

解放战争时期的平津战役，我党我军审时度势，既采取了以武力为主要手段的“天津模式”，又有“不战而屈人之兵”的“绥远模式”“北平模式”。北平是一座驰名世界的文化古城，为让这座有着悠久历史、承载着中华文明的城市免遭战火的破坏，中共中央和中央军委力争以和平的方式解放北平。天津解放后，孤守北平的国民党军傅作义部25万人已完全陷入绝境。在90万人民解放军兵临城下的震慑下，在北平地下党的精心工作和北平众多开明人士的敦促下，国民党华北“剿总”总司令傅作义被迫接受了解放军提出的和平条件，并于1949年1月21日，签订了《关于和平解决北平问题的协议》。31日，人民解放军进驻北平，北平宣告和平解放。

无论是“绥远模式”还是“北平模式”，主要采取“伐谋”“伐交”的非军事手段，保住了众多生灵，保住了历史文化名城，保住了赖以生存和发展的基础条件。这种“大团圆”式的结局，展现了人性的光芒，也为人类留下了难得的“美好战争”记忆。应当点赞！

清人张潮《幽梦影》说：“因雪想高士，因花想美人，因酒想侠客，因月想好友，因山水想得意诗文。”或许，世界上那些逃过战火的国家，因“全”想孙武。比如第二次世界大战时期的瑞士，比如古巴导弹危机时的美国。

二 “和”之美

“和”是中华传统文化的主色调之一，中国古典美学很看重“和”这个范畴。所谓“和”，就是指事物多样性的统一，以及事物内部存在的各种对立因素的完美统一，又指整个宇宙合乎规律的发展。《说文解字》释义：“和，相应也。”刘勰在《文心雕龙》中说：“异音相从谓之和，同声相应谓之韵。”

孔子的整个美学突出强调“和”，他在《论语·学而》中提出了“礼之用，和为贵”的著名思想。其实，“和”这个概念并不是孔子首先提出来的，在他之前的史伯就说过。据《国语·郑语》记载，史伯说：“夫和实生物，同则不继。以他平他谓之和，故能丰长而物归之。若以同裨同，尽乃弃矣。”又说：“声一无听，物一无文，味一无果，物一不讲。”他认为，只有不同的声、色、味的统一（“和”），才产生美，如果只是单一的声、色、味的简单重复（“同”），就不能产生美。孔子继承了春秋时期的这种“和”的美学思想，把“和”视为“天下之基，万物之本”，并为荀子和《乐记》所继承与发挥。对“和”的“美感”，《礼记·中庸》做了进一步的阐发：“和也者，天下之达道也。”

孔子的美学思想或许影响到了与之同时代的孙武，“和”的美学理念在《孙子兵法》中有生动的体现。孙武坚持和运用事物多样性的有机统一、各种对立因素的有机统一的思想观点，将“和”的美学思想渗透和体现于他的兵学之中，顺应了战争活动和用兵作战的内在规律，也为他的兵学理论增添了美感，从而为《孙子兵法》注入了独有的生命力和强大的影响力。

（一）和平之美

《国语·楚语上》中说：“夫美也者，上下、内外、小大、远近皆无害焉，故曰美。”寥寥“俗语”之间，即把国与国、阶层与阶层、人与人之间和平共处、和睦相处之美，如同张择端那幅《清明上河图》中的风景、风情、风俗之美，形象而生动地展现在人们的面前。战争虽然是人类数千年发展史中的主线与主题，也是推动社会嬗变的生动力量，但和平始终是人类无限向往与孜孜以求的美好愿景。中国古代的先哲们，一直都在为遏制战争、谋求和平大声疾呼。上古时代的典籍《周易》《尚书》，就主张“亲睦九族”“协和万邦”。

墨家主张“非攻”，儒家也不赞成人类之间的战争，尤其对非正义战争一直持反对态度。比如卫灵公向孔子讨教兵阵之事，孔子不仅以“俎豆之事，则尝闻之矣；军旅之事，未之学也”（《论语·卫灵公》）予以婉拒，而且第二天就离开了卫国。不是孔子不懂“军旅之事”，而是因为卫灵公是个“无道之君”。无道而好战的君主，孔子教之以攻伐制胜之术，岂不是助纣为虐？道不同不相为谋。于是，无力制止卫灵公的孔子，只好选择了远离。

孙武所处的春秋晚期，诸侯割据，战乱频仍，“争地以战，杀人盈野；征城以战，杀人盈城”，中华大地可谓生灵涂炭，民不聊生。孙武早年曾为避祸而远迁吴国，饱受战乱之苦。深受传统思想文化特别是儒家思想文化影响的孙武，对战争破坏性、危害性的认知在不断深化，和平与战争的美丑价值观在这个过程中渐渐形成，对战争的排斥感在内心深处升腾，并最终占据了主导地位，追求和平成为孙武基本的价值取向。孙武在他的兵书中主张并呼吁君王和将帅们，坚持“不战”“慎战”“少战”，尽力让战争与和平的天平向和平这边倾斜，通过“化干戈为玉帛”或压减战争来扩大和平空间，推进人类和平发展；即便非战不可，也要力争“易战”“速战”“巧战”“微战”，力避恶战、久战、消耗战，最高限度地约束和控制战争行为，最快速度地恢复和平，最大程度地减少非和平手段带来的灾难，谋求战争“凶效应”的最小化。

为此，孙武在《孙子兵法》多篇中极力渲染用兵的危险和付出的代价，他在《作战篇》提醒人们“故不尽知用兵之害者，则不能尽知用兵之利也”，启发当权者选择和平、非战的手段解决彼此间的争端，不无忧虑地指出：“凡用兵之法，驰车千驷，革车千乘，带甲十万,千里馈粮，则内外之费，宾客之用，胶漆之材，车甲之奉，日费千金，然后十万之师举矣。”又说：“国之贫于师者远输，远输则百姓贫。近于师者贵卖，贵卖则百姓财竭，财竭则急于丘役。力屈、财殚，中原内虚于家。百姓之费，十去其七；公家之费，破军罢马，甲胄矢弩，戟楯蔽橹，丘牛大车，十去其六。”在《火攻篇》中强烈呼吁：“主不可以怒而兴师，将不可以愠而致战；合于利而动，不合于利而止。怒可以复喜，愠可以复悦；亡国不可以复存，死者不可以复生。故明君慎之，良将警之，此安国全军之道也。”鲜明地提出了“非危不战”的主张，强调不要轻言战争，不到危急关头、不到迫不得已的时候不要开战。在《谋攻篇》中一针见血地指出：“是故百战百胜，非善之善者也；不战而屈人之兵，善之善者也。”又说：“故善用兵者，屈人之兵而非战也，拔人之城而非攻也，毁人之国而非久也，必以全争于天下，故兵不顿而利可全。”

尤为难能可贵的是，孙武提出了对立国家间应捐弃前嫌、同舟共济、共谋和平的“共赢”思想。他在《九地篇》中指出：“夫吴人与越人相恶也，当其同舟而济，遇风，其相救也，如左右手。”强调即使相互仇视的国家，都处在一个“利益共同体”之中，应该相互信任，联手合作，共同应对危机，消除战争威胁。

从这些思想观点中可以感受到，孙武虽然是杰出的军事家，但他并不热衷征战攻取，更不穷兵黩武，而是以政治家的眼光审视战争，推崇睦邻友好，主张“豫交”‘交和”，致力于化解战争危机；《孙子兵法》虽然处处讲的是用兵作战的方法，主题与主旋律却是如何遏制战争、不要轻易发动战争，以及通过非军事手段取得战争的胜利，表现出强烈的和平愿望，“和为贵”的思想体现得淋漓尽致。从很大程度上讲，《孙子兵法》既是作战之道，也是“和平之法”，通篇跳动着人本、和平的音符和旋律，深刻诠释和彰显了“自古知兵非好战”的和平机理。

当然，孙武的和平观，与墨子的“非攻”思想是有所区别的，它是建立在和平基础之上，把战争与和平有机统一起来的和平观。这种和平观，本身就闪烁着“和而不同”的思想光辉。

（二）和衷之美

孙武尚和，注重追求一种内在的“和”，一种最高形态的“和”——“心和”，也就是他所说的“同欲”。在《谋攻篇》中，孙武鲜明地提出了“上下同欲者胜”的著名思想，而这一重要思想，在《孙子兵法》其他一些篇中也有所体现。

在《计篇》中，孙武把“道”列为“五事”之首，把君与民“同欲”（“同意”）作为“道”的核心要义，指出：“道者，令民与上同意也。故可以与之死，可以与之生，而不畏危。”强调在政治上要使民众与君主意志相统一，使他们与君主同生共死，而不避危难，让人们看到了“同欲”中所蕴藏的巨大力量，也领略到了和衷的伟力与魅力。

孙武“令之以文，齐之以武”的治军思想，把“文治”放在首位，强调用宽厚仁义的教化手段，也就是今天所讲的思想政治工作，使部属心悦诚服，力求上下同心、“同欲”。他在《行军篇》中指出：“卒未亲附而罚之，则不服，不服则难用也。卒已亲附而罚不行，则不可用也。故令之以文，齐之以武，是谓必取。”在《九地篇》中再次强调：“齐勇若一，政之道也。”

孙武特别要求将帅，要学会打“感情牌”，把爱兵作为争取兵心、实现上下“同欲”的重要途径，提出了“视卒如爱子”的爱兵主张。他在《地形篇》中指出：“视卒如婴儿，故可与之赴深溪；视卒如爱子，故可与之俱死。”

孙武的本家、齐景公时期的大将田穰苴，率军击退夹攻齐国的晋、燕两军，收复失地，可谓“令之以文，齐之以武”“上下同欲者胜”治军用兵思想的生动写照。齐景公二十年（前528），齐国遭到晋、燕两国的联合攻击，田穰苴临危受命，被破格提拔为将军，统率齐军前去抗敌。出征前，田穰苴不畏权贵，严格执法，将违犯军纪的监军、齐王的宠臣庄贾斩首示众，威震全军，成为历史美谈。不过，田穰苴的功力主要还是显现在谋求“同欲”“和衷”上。

在率军向边境进发的过程中，田穰苴奔走于部队中间，亲自关心士卒的住宿条件、饮食情况、卫生状况，亲自过问患病士卒的病情和治疗措施，对广大士卒表现出极大的热情和耐心，丝毫没有大将军的架子。他与士卒平分粮食，自己所得与最羸弱者差不多。对于有病的士卒，他关怀备至，安排他们多休息，并用最好的药物给予治疗。经过三天的行军，田穰苴与士卒建立了深厚的感情和广泛的信任。在此基础上，他再次整顿军队，进一步了解士卒中有什么困难，哪些人不能出战。在田穰苴关怀士卒一系列举动的感召下，部队士气高昂，一些有病的士卒竞相而出，纷纷要求上战场杀敌立功。

听说齐国新任将军田穰苴率领大军前来抗击，且军容严整，纪律严明，士卒个个奋勇争先，全军上下斗志昂扬，晋军、燕军自知齐军势不可挡，均主动罢兵回撤。田穰苴率军乘势追击，收复全部失地，齐国取得景公时代前所未有的重大胜利。

（三）和谐之美

古希腊人确立了一种美的原则，即事物的和谐统一。大千天籁，和弦谐音，悠情怡景，暖意融融，美在其中，让人不由得想起陶渊明笔下“桃花源”的仙境神韵。唐代大诗人杜甫有《绝句》：“迟日江山丽，春风花草香。泥融飞燕子，沙暖睡鸳鸯。”描写的是在春天明媚的阳光照耀下，江山分外明丽，和煦的春风送来了花草的芳香。泥软土松，燕子正飞来飞去衔泥筑巢；暖融融的沙滩上，成双成对的鸳鸯正在静静地小憩。这幅美丽的图画向人们生动展示了大自然的和谐之美。岂知，“兵圣”孙武笔下的攻防对决，和谐之状如行云流水，如“率然”之应，同样赏心悦目，给人以美感。其和谐之美，可以用三个字来概括。

“齐”。孙武强调统一的号令、整齐划一的行动，在《军争篇》中说：“《军政》曰：‘言不相闻，故为金鼓；视不相见，故为旌旗。’夫金鼓旌旗者，所以一人之耳目也；人既专一，则勇者不得独进，怯者不得独退，此用众之法也。故夜战多火鼓，昼战多旌旗，所以变人之耳目也。”那种浑然一体的画面、排山倒海般的气势，展露出一种雄壮的美。

“协”。孙武强调高度的协调、灵敏高效的反应。在《九地篇》中说：“善用兵者，譬如率然；率然者，常山之蛇也。击其首则尾至，击其尾则首至，击其中则首尾俱至。”他要求“兵使如率然”，上下左右协同行动，互相配合，高效策应，“携手若使一人”，勾勒出一种灵巧的美。

“反”。孙武强调“使己”与“反敌”相呼应，以破敌之和谐来成就我之和谐。在《九地篇》中指出：“所谓古之善用兵者，能使敌人前后不相及，众寡不相恃，贵贱不相救，上下不相收，卒离而不集，兵合而不齐。”主张在谋求“自我和谐”的同时，采取有效措施反制和干扰敌人的协调与配合，让对手在单打独斗、一盘散沙中溃败。

中国古代后来出现的诸多阵法阵图，使得用兵布阵不仅有了“率然”之灵敏，而且变化莫测，乃至达到出神入化的地步，从而把“用众之法”推向了一个崭新的高度，和谐之美也得到淋漓尽致的发挥。当代拍摄的古代题材的影视片中，常有对古代阵法的生动刻画，每每让现代人叹为观止。古代比较著名的阵法，要数武侯诸葛亮长于使用的八阵。八阵起源很早，孙武后世子孙孙膑在《孙膑兵法·八阵》中扼要介绍了它的使用方法，东汉窦宪曾以这一阵法大破匈奴。《三国志·蜀书·诸葛亮传》记载，武侯“推演兵法，作八阵图，咸得其要”，而诸葛亮自己也说过，“八阵既成，自今行师，庶不覆败矣”。据说，经诸葛亮“推演”改进和创新之后，八阵更适应行军、宿营和战斗的需要。古代这些和谐优美的阵法阵图之中，难说没有《孙子兵法》的“血脉”与“基因”。

同时，《孙子兵法》的和谐之美，还体现在制胜因素的相互和谐上，即“道、天、地、将、法”“五事”综合制胜；体现在为将者自身素质的内在和谐上，即“智、信、仁、勇、严”“五德”俱全；体现在君主与将帅关系的上下和谐上，即“将能而君不御”“君命有所不受”的信任与担当；等等。

（四）和合之美

和合，这是我国传统的文化思想，指事物与其所处的环境调和相合，是“和之美”的一种重要表现形态。孙武摆兵布阵，讲求作战行动与作战环境的高度调和统一，力求在二者的“深度和合”中实现作战效能的最大化。

作战行动与“国际”环境的“和合”。春秋晚期，各诸侯国间的关系非常复杂、十分微妙，可以说各怀鬼胎，互相觊觎，阴谋阳谋充斥于世，为了实现自身的利益和野心，几乎没有什么约束国家行为的底线，更无什么“义战”可言。孙武提醒战争决策者、指挥者，筹划用兵作战不能把目光局限在敌我双方上，而是要放眼天下全局，充分考虑到各诸侯国的态度和反应，清醒把握“国际”价值趋向和政治生态环境特征，慎重选择与此相应的对抗方式、作战形式。他之所以不支持强行攻城，一个很重要的原因就是担忧久拖不决，军力耗竭，诸侯国乘危而动，趁火打劫。在《作战篇》中指出：“夫钝兵挫锐，屈力殚货，则诸侯乘其弊而起，虽有智者，不能善其后矣。”

围绕与“国际”环境相“和合”，孙武在《九变篇》中提出了两大策略：一个是“交”，即“衢地交合”；一个是“斗”，即“屈诸侯者以害，役诸侯者以业，趋诸侯者以利”。前者强调在四通八达、多国交会的战略要地，要广交诸侯，建立稳固友好的睦邻关系，以求多助；后者强调采取灵活有效的手段驾驭各诸侯国，属于“伐交”的范畴。无论是“豫交”还是“伐交”，其目的都是为实现国家军事战略及作战行动目标，创造良好的“国际”环境。同时，孙武还在《军争篇》中提示人们“交友”要慎，不能盲目行事，“不知诸侯之谋者，不能豫交”，防止不获其益，反受其害。

作战行动与战场空间的“和合”。春秋时期，社会生产力极其落后，科技水平非常低下，军队的机动能力、保障能力十分有限，战场空间对军事行动的制约和影响非常突出，客观上要求二者必须有很高的“适应度”“和合度”。孙武敏锐地看到了这一点，着眼不同的战场空间创造性地提出了与之相对应的作战思想、原则与战术。

国家出师远征，战线越拉越长，运输保障的难度和代价越来越高。孙武在《作战篇》中指出：“国之贫于师者远输，远输则百姓贫。近于师者贵卖，贵卖则百姓财竭，财竭则急于丘役。力屈、财殚，中原内虚于家。百姓之费，十去其七；公家之费，破军罢马，甲胄矢弩，戟楯蔽橹，丘牛大车，十去其六。”为此，他提出了“因粮于敌”的后勤保障原则，指出：“故智将务食于敌，食敌一钟，当吾二十钟；萁秆一石，当吾二十石。”

孙武在《九地篇》中提出的“九地”，是以战场地理环境为依据，从战略高度划分的九种作战地区，虽涉及地形地貌因素，但主要还是就区位而言的，属“域”的范畴，是个空间概念。他要求根据这九种不同的作战地域、战场空间，以及对部队心态的影响，确定正确的战略战术和作战指导原则，并对作战行动与战场空间的“和合”做了系统的阐释与规范。他说：“凡为客之道：深则专，浅则散。去国越境而师者，绝地也；四达者，衢地也；入深者，重地也；入浅者，轻地也；背固前隘者，围地也；无所往者，死地也。”又说：“是故散地，吾将一其志；轻地，吾将使之属；争地，吾将趋其后；交地，吾将谨其守；衢地，吾将固其结；重地，吾将继其食；圮地，吾将进其涂；围地，吾将塞其阙；死地，吾将示之以不活。”

作战行动与天文气象的“和合”。“天人合一”，是“和”的精髓，是“和”的最高境界。《孙子兵法》把“天”解释为“阴阳、寒暑、时制”，强调作战谋划要善于利用天气，作战行动要主动适应气候环境。在《火攻篇》中指出：“发火有时，起火有日。时者，天之燥也；日者，月在箕、壁、翼、轸也。凡此四宿者，风起之日也。”“火发上风，无攻下风。昼风久，夜风止。”“凡火攻，必因五火之变而应之。”核心要求是，军队必须掌握火攻方法的变化，放火要看天时，起火要看日子，把军事行动与气象条件完美地统一起来。

作战行动与地形地貌的“和合”。地形是作战的重要辅助条件，如果军队的行动与地形条件相应、相合，就有利于战斗力的发挥，有助于取得作战的胜利；否则，就会让部队战斗力大打折扣，作战行动就很可能会因此陷入困境，甚至导致失败。为此，孙武特别强调“知天知地”，提出了一系列适应地形特点的原则要求和具体方法。比如，在《地形篇》中明确了在“通”“挂”“支”“隘”“险”“远”六种地形上作战的方法原则；在《行军篇》中提出了远离“绝涧、天井、天牢、天罗、天陷、天隙”“六害”地形的要求，同时传授了“凡军好高而恶下，贵阳而贱阴”“丘陵堤防，必处其阳，而右背之”等部队利用地形的诸多秘诀；等等。

孙武还在《地形篇》中特别强调："故兵有走者，有弛者，有陷者，有崩者，有乱者，有北者。凡此六者，非天之灾，将之过也。"意在提醒将帅面对复杂的地形条件时，不要怨天尤人，而应在深察"地之道"、迎应"地之性"上多下功夫，切实趋利避害、因地而动，把这个"兵之助"用足、用好。

三 “仁”之美

“仁”是中国古代一种含义极广的道德范畴，本指人与人之间相互亲爱。孔子把“仁”作为最高的道德原则、道德标准和道德境界，形成了以“仁”为核心的伦理思想结构。“仁”是孔子思想的核心，也是孔子美学的核心。孔子认为，审美和艺术在人们为达到“仁”的精神境界而进行的主观修养中，能起到一种特殊的作用。在孔子看来，仅仅认识到什么是“仁”是不够的，仅仅爱好“仁”也是不够的，还必须对“仁”能产生情感的愉悦，能得到一种审美的享受，也就是如《论语》中的名言：“知之者不如好之者，好之者不如乐之者。”孔子要求把“守礼”作为内心自觉的要求，即所谓“克己复礼为仁”，甚至疾声直言：“人而不仁，如礼何？人而不仁，如乐何？”他十分鲜明地提出了“非礼勿视，非礼勿听，非礼勿言，非礼勿动”的“四非”原则。在孔子眼里，艺术必须符合“仁”的要求。孟子、荀子继承了孔子的这一思想。孟子说：“仁言不如仁声之入人深也。”荀子说：“夫声乐之入人也深，其化人也速，故先王谨为之文。”从儒家的思想学说中可以看出，“仁”与“美”是融为一体，不可分割的。

战争是一种暴力行为，往往与残暴联系在一起，但自古以来战争的血腥味中就散发着一种“仁性”之美。最典型的当数公元前638年爆发的宋楚泓水之战中的宋襄公，他坚决反对打击正在渡河的楚军，也反对攻击刚刚渡河、尚未列完队的楚军，他认为作为仁义之师，要打“堂堂之阵”，不可做偷袭别人这种偷鸡摸狗的事情。结果，宋国的军队全军覆没，宋襄公身受重伤，差点被俘，第二年就郁闷死去。战后有人批评宋军错过了打击楚军的绝佳机会，宋襄公却不以为然地摆出他的一套理论：“君子不重伤，不擒二毛，不以阻隘，不鼓不成列。”结果，被后人讥讽为“蠢猪似的仁义”。

实际上，宋襄公的这种战法并不是别出心裁，而是军礼传统下的一种必然产物。《司马法·仁本》里，就包含了宋襄公那种战法的一些基本原则。《淮南子》里讲：“古之伐国，不杀黄口，不擒二毛，与古为义，于今为笑。古之所以为荣也，今之所以为辱也。”宋襄公的做法，虽被后人耻笑，但它体现了儒家学派的价值观，是符合儒家思想道义与“礼制”的“仁”。

随着战争的发展，宋襄公似的“仁”在战场上再也没有什么市场了，“兵不厌诈”则成为战争的基本法则。《汉书·艺文志·兵书略》说：“下及汤、武受命，以师克乱而济百姓，动之以仁义，行之以礼让，《司马法》是其遗事也。自春秋至于战国，出奇设伏，变诈之兵并作。”

孙武是“兵者，诡道也”的大力倡导者。南宋郑友贤对《司马法》和《孙子兵法》做了对比：“《司马法》以仁为本，孙武以诈立；《司马法》以义治之，孙武以利动；《司马法》以正，不获意则权，孙武以分合为变。”尽管如此，在孙武的战争哲学里，也并非无“仁”可言。相反，《孙子兵法》通篇闪烁着“仁”的光辉，洋溢着“仁”的美感。

（一）王道之“仁”

在汉简本《吴问》中，孙武在答复吴王阖闾关于晋国六卿“孰先亡，孰固成”的问题时，即以苛政失民国衰，仁政得民国强进行分析说明，使阖闾感慨道：“王者之道，厚爱其民也。”对孙武在《火攻篇》中提出的“非利不动”思想，梅尧臣注释说：“凡兵，非利于民不兴也。”孙武倡导的这种带“仁性”的王道，体现在《孙子兵法》之中，就是把“道”作为衡量战争胜负的主要因素之首，在《计篇》中指出：“主孰有道，将孰有能，天地孰得，法令孰行，兵众孰强，士卒孰练，赏罚孰明。吾以此知胜负矣。”他在《形篇》中进一步阐明：“善用兵者，修道而保法，故能为胜败之政。”为此，他强调体恤民众的疾苦，主张采取“役不再籍，粮不三载；取用于国，因粮于敌”的办法，既做到

“军食可足”，又避免“国之贫于师者远输，远输则百姓贫”的问题。可以说，道义民心，是孙武为明君贤王们竖起的第一面大旗。

（二）为将之“仁”

孙武把“仁”列为将帅素质构成的“五德”要素之一，《孙子兵法》围绕为将之“仁”，做了一系列阐述，明确了诸多治军带兵的原则和要求。孙武主张将帅在军队治理上要恩威兼施，严慈相济，在《行军篇》提出了“令之以文，齐之以武”的著名治军思想。孙武既主张爱兵如爱子，又强调爱兵既要爱之真切，又要防止爱之过度，切实把严和爱有机统一起来，把士卒带成可用之才。他在《地形篇》指出：“视卒如婴儿，故可与之赴深溪；视卒如爱子，故可与之俱死。厚而不能使，爱而不能令，乱而不能治，譬若骄子，不可用也。”这种“爱”，处处辉映着人性思想的光芒。

（三）善俘之“仁”

虐待甚至坑杀战俘，是古代战争中司空见惯的现象。最典型的刽子手当数白起、项羽。前面已做介绍，公元前260年，秦国将军白起率秦国军队进攻赵国，在长平大败赵括统帅的赵国军队。结果，赵括被射杀身亡，40万被俘的赵军被白起“挟诈而尽坑杀之”。据说，仅隔54年，楚霸王项羽效法秦将白起，一夜之间将20万秦军降卒坑杀殆尽。《史记·项羽本纪》记载：“楚军夜击坑秦卒二十余万于新安城南。”公元759年，大诗人杜甫途经“楚坑”时，留下了“项氏何残忍，秦兵此处坑。愁云终古在，鬼灿至今明……”的诗句。就这样，一代名将白起、项羽留下了洗刷不掉的历史污点，自身的历史价值大打折扣。与白起、项羽等人截然不同的是，孙武旗帜鲜明地提出了“卒善而养之”的思想。他主张对俘虏的士兵要给予善待和教养，并把他们使用好，“是谓胜敌而益强”。只可惜，他的这一进步主张被白起、项羽们抛到了脑后。

如何对待俘虏，既是一条人道与非人道的分界线，也是一个具有攻心意义的战略与策略问题。孙武的高明之处就在于，“攻心为上”，以对俘虏的仁道政策，把守道义、赢得“气场”，争取人心、瓦解对手，削弱敌人、强大自己，既反映了孙武的进步思想、政治远见，也体现了他的谋略水平、用兵智慧，具有划时代的意义。这一先进思想虽然遭到了白起、项羽等后人的亵渎，但被2000多年后的毛泽东和中国共产党人成功运用，成为克敌制胜的一大法宝，生动诠释了《孙子兵法》这部“兵学圣典”的生命力和时代价值，生动展现了战争实践中的“仁”之美。

（四）不战之“仁”

战争意味着生灵涂炭，民不聊生。那么，无谓的战争、无休止的战争、无底线的战争，何“仁”之有？老子之所以反战，主要是因为战争行为不“仁”。《老子》曰：“夫兵者，不祥之器，物或恶之，故有道者不处。”“兵者不祥之器，非君子之器，不得已而用之，恬淡为上。胜而不美，而美之者，是乐杀人。夫乐杀人者，则不可得志于天下矣。”又曰：“以道佐人主者，不以兵强天下，其事好还。师之所处，荆棘生焉。大军之后，必有凶年。”孔子反对战争，并非概而论之，而他之所以鄙视与厌烦战争，尤其坚决反对某些战争，皆因为一个“仁”字。《论语·卫灵公》写道：“卫灵公问陈于孔子。孔子对曰：‘俎豆之事，则尝闻之矣；军旅之事，未之学也。’”为表明自己的立场与态度，卫灵公问兵事的第二天，孔子就断然离开了卫国。

老子、孔子反对战争，而现实社会又不可能因圣人们的反对就能够摆脱战争。那么，怎样才能有效化解或者缓解老子、孔子眼里“兵”与“仁”相对立的矛盾呢？孙武以“不战而屈人之兵”的基本战略方针，做出了历史性的解答。

其实，孙武对老子、孔子反对战争、排斥战争的态度与缘由，是有同感的。《作战篇》曰：“凡用兵之法，驰车千驷，革车千乘，带甲十万，千里馈粮，则内外之费，宾客之用，胶漆之材，车甲之奉，日费千金，然后十万之师举矣。”“国之贫于师者远输，远输则百姓贫。近于师者贵卖，贵卖则百姓财竭，财竭则急于丘役。力屈、财殚，中原内虚于家。百姓之费，十去其七；公家之费，破军罢马，甲胄矢弩，戟楯蔽橹，丘牛大车，十去其六。”《用间篇》又曰：“凡兴师十万，出征千里，百姓之费，公家之奉，日费千金。内外骚动，怠于道路，不得操事者，七十万家。”这仅仅是孙武对战争给国家和百姓带来经济上负担与灾难的担忧，而对战争给士兵和民众生命造成的伤害，他也有感同身受的描述。在《谋攻篇》以攻城为例指出：“修橹轒辒，具器械，三月而后成；距闉，又三月而后已。将不胜其忿，而蚁附之，杀士三分之一，而城不拔者，此攻之灾也。”

有鉴于此，孙武在《谋攻篇》提出了“上兵伐谋，其次伐交，其次伐兵，其下攻城”的主张。他认为：“凡用兵之法，全国为上，破国次之；全军为上，破军次之；全旅为上，破旅次之；全卒为上，破卒次之；全伍为上，破伍次之。是故百战百胜，非善之善者也；不战而屈人之兵，善之善者也。”孙武的“不战”思想，与老子“兵者不祥之器，非君子之器，不得已而用之，恬淡为上”的思想是一脉相承的，其共同之处就在于，最大限度地体现了对“仁”的诉求，最大限度地满足了对“仁”之美的追求。

四　“大”之美

“泰山不让土壤，故能成其大；河海不择细流，故能就其深；王者不却众庶，故能明其德。”李斯的话，讲的是帝王应有的胸怀之大。“席卷天下，包举宇内，囊括四海之意，并吞八荒之心。”贾谊的话，揭示的是宇宙之大。“赋家之心，包括宇宙。”司马相如的话，倡导的是汉代主要文艺形式“赋”的视野所及之大。而在孔子、季子（季札）的理论中，“大”既是一个道德范畴，也是一个美学范畴。《论语·泰伯》中说：“子曰：大哉尧之为君也！巍巍乎！唯天为大，唯尧则之。荡荡乎！民无能名焉。巍巍乎！其有成功也。焕乎！其有文章。”孔子在这段话中，用“大”来赞扬尧的崇高、伟大与光辉，主要是从道德修养和事业成就的角度讲的，而用“巍巍乎”“荡荡乎”“焕乎”来形容尧之“大”，就包含了审美的意味。

据《左传·襄公二十九年》记载，季札在观乐后的评论中，也涉及了“大”这个范畴。对乐工歌《秦》乐，季札评论说：“此之谓夏声。夫能夏则大，大之至也，其周之旧乎？”他认为，能把古老“夏”的曲调传承下来，这个国家一定日益壮大，不可估量。对乐工舞《韶箾》，季札评论说：“德至矣哉！大矣，如天之无不帱也，如地之无不载之，虽甚盛德，其蔑以加于此矣。观止矣！若有他乐，吾不敢请已。”意思是说，德行达到顶点了！伟大啊，就像上天无所不覆盖一样，像大地无所不容纳一样！虽然有超过大德大行的，恐怕也超不过这个了。观赏达到止境了！如果还有其他乐舞，我也不敢再请求观赏了！看得出来，季札的这两段评论，虽是就道德而言的，但浓浓的审美韵味充盈其中。

孟子说：“充实之谓美，充实而有光辉之谓大。”(《孟子·尽心下》) 在孟子眼里，“大”不仅是一种“美”，而且是层次比一般“美”还要高的“美”。

“大”作为美学的一个重要范畴，在《孙子兵法》中有生动体现。

(一)“大事”之立

《孙子兵法》开宗明义：“兵者，国之大事，死生之地，存亡之道，不可不察也。”深刻揭示了战争的政治本质，郑重告诫人们，必须高度重视战争，必须用极其严肃和谨慎的态度研究和指导战争。孙武为了深刻阐明“兵者，国之大事”这一思想观点，又在《火攻篇》中从另一个维度做了进一步的阐释，指出：“怒可以复喜，愠可以复悦；亡国不可以复存，死者不可以复生。”并大声疾呼：“明君慎之，良将警之，此安国全军之道也。”

孙武这里讲的“大事”中的“大”，是一个形容词，不是一般意义上的“大”与“小”；这里讲的“大事”，也不是一般意义上的与“小事”相对应的那种“大事”，而是告诉人们，战争对国家来说是天大的事、至高无上的事、无与伦比的事。这里所说的“大”也好、“大事”也好，均已超越了名词概念的功能，把触角延伸到了审美的范畴。具体说，可从以下三个棱面来审视。

其一，至高的定位。战争自古就有，但远古的战争很简单，基本上无章法可言；而到了春秋时代，战争讲规则，又像在做游戏。对春秋时期的战争，易中天在《中国智慧》一书中做过形象的描述：“列阵如球赛，宣战如请客，交手如吃饭，格斗如竞技。”那时的战争有许多现在看似很可笑的规则，比如：不鼓不成列，就是对方阵势没有摆好，不能击鼓进军；不重伤，就是格斗的时候，不能让同一个人重复受伤；不擒二毛，就是花白头发的人不能俘虏；不逐北，就是敌人打败了，逃跑了，不能追；等等。这样的战争，无论是从对抗强度上看，还是从破坏力、影响力上看，都是十分有限的。在对战争持基本反战和否定态度的老子眼里，战争是杀人，战争是丧礼，战争是小人行为，指出：“故兵者非君子之器也，兵者不祥之器也，不得已而用之。”同时也可以看出，老子对战争的定位，还没有上升到“国之大事”的高度。

那么，关于“兵者，国之大事”的战争定位，是孙武的首创吗？《左传·成公十三年》云：“国之大事，在祀与戎。”这里的“祀与戎”，常被后人理解为祭祀与战争，如沈玉成《左传译文》云：“国家的大事情，在于祭祀和战争。”据此似乎可以断定，在孙武之前就有了类似“兵者，国之大事”这种内涵的阐述。其实不然。把“戎”理解为战争，是后人的误解或说习惯上的拓展。这需要追根溯源。晋厉公三年（前578）三月，晋国主导诸侯会集，准备联兵伐秦。出兵前举行祭祖、祭社之礼，祭毕受脤，刘康公批评成肃公接受脤肉不敬时，其中说到“国之大事，在祀与戎”。原始语境中的“祀与戎”，并非泛指祭祀与战争，而是指祭祀与军礼，均属礼制范畴，具体落实为祭祖、祭社之礼，都与祭祀有关。据分析，“国之大事，在祀与戎”所指逸出礼制范畴而与战争联系，很可能与《孙子兵法》及其注释相关。在“国之大事”的共同前提下，把“兵”与“戎”等量齐观，忽视“国之大事，在祀与戎”的历史背景和具体语境，消解了“戎”本身的礼制色彩，“国之大事，在祀与戎”所指渐由祭祀与军礼扩大为祭祀与战争，并成为目前最为常见的解释。

孙武前所未有地把战争定位于“国之大事”，与时代的发展、战争形态的演变有着直接的关联。春秋晚期到战国中期，是中国古代战争的转折期。孙武所处的春秋末期，战争逐步从称霸战变为兼并战，战争的结果不再是“签约”，而是“灭国”；战争的方式也不再是有限的“角斗”，而是大规模的“杀人”。面对这样的残酷无情的战争及其严重后果，孙武鲜明地提出“兵者，国之大事”的论断也就不意外了。

孙武把战争定位为“国之大事”，是一个重大贡献。它“漂出”了战争行为的政治属性，明确地把战争活动定格为国家行为，要求站在国家存亡的高度掌控战争，着眼国家的利益思考战争，根据国家的实力筹划战争，动员国家的力量赢得战争。这无疑具有里程碑意义。

其二，民本的视角。春秋时期，当兵和参战是贵族的特权，平民和奴隶没有资格当兵，也没有参战权。那时的战争恪守规则，彬彬有礼，贵族参战既光荣、体面，又没有多大伤亡。到了春秋末期和战国时期，随着战争规模的不断扩大，战争对抗程度、残酷程度的日益提高，特别是越来越严重的人员伤亡，贵族们纷纷逃离了这个危险的行业，战争的主力由贵族变为平民，战争的灾难更多地降临到平民头上。

站在时代高度研究思考战争问题的孙武，深刻认识到，战争发展到这种程度，已不再是仅仅关乎统治阶层利益的事情，每一次战争的胜利或失败，都是平民百姓的切肤之痛，都直接关系着他们的生死。在孙武看来，研究和指导战争，必须怜惜那些冲锋陷阵之众多兵士的生命，必须体恤承受战争灾难之广大民众的疾苦，三思而后行。这种民众观，把战争与民众的利益鲜明地连接起来，为认识战争、把握战争提供了一个全新的视角，具有很大的进步意义。在奴隶社会，能有这种人本视角、民本思维，是非常难能可贵的。孟子说：“立天下之正位，行天下之大道，得志与民由之，不得志独行其道。富贵不能淫，贫贱不能移，威武不能屈。”（《孟子·滕文公下》）这是孟子所倡导的充实而有光辉的“大”，又何尝不是孙武心目中的“大”呢？

其三，王者的理性。孙武推崇和平，主张不要轻言战争，慎用战争这个解决矛盾的手段，并不是一味地反对战争，而是要求君王及其将帅理性地选择战争，高度负责地对待战争，即他所强调的“不可不察也”。他不主张战争，是因为战争是残酷的，对社会有着巨大的破坏作用；他呼吁重视战争，是因为战争又往往是不可避免的。在孙武看来，战争行为的取舍不能先入为主，不能凭个人喜好、一时冲动做出选择，是和是战要综合考虑，再三权衡。为此，他在《火攻篇》中提出了战与不战的重大原则：“非利不动，非得不用，非危不战。主不可以怒而兴师，将不可以愠而致战；合于利而动，不合于利而止。”这种对待战争不片面、不偏执、不草率的态度，折射的是一种理性之美。

（二）“大略”之经

《孙子兵法》为人们指导作战行动，提供了一系列具体的原则和方法，它鲜明的系统性、针对性和可操作性，堪称一本无与伦比的战役战术教材。不过，几千年来它的最高价值却始终体现在，它是一部战略著作，是统率之道，它所阐明的宏韬大略，像一盏明灯，不仅指引着战争的航船，而且普照人间、影响万千。略赏《孙子兵法》的“大略”，同样给人美的享受。

大运筹。基于“兵者，国之大事”的战争定位，孙武把战前运筹放在异常突出的位置，《计篇》作为首篇，专门阐释战略运筹的重大问题，特别强调“夫未战而庙算胜者，得算多也；未战而庙算不胜者，得算少也。多算胜，少算不胜”。《孙子兵法》的运筹之“大”就在于，它提出的“庙算”，并不是以往帝王率军出征前庙堂之上简单的算筹或占卜仪式，也不是一种出征宣誓，而是一种全方位、多维度，整体性、系统性很强，具有决定性意义的战略谋划。这种运筹的核心点就在于，通过对敌我双方主要制胜因素即“五事”“七计”的综合比较，预测战争的进程及结局，并依据这种判断做出战略选择，定下“战”还是“非战”这样的方向性、根本性的大问题。而战略选择的要旨，就是孙武在《火攻篇》中讲到的“三不”原则：“非利不动，非得不用，非危不战。”

《孙子兵法》在战略运筹上，既为人们提供了如何做出战略选择的重大思路，也为人们提供了如何谋划实施战争的“战略秘诀”。在《计篇》中指出：“兵者，诡道也。故能而示之不能，用而示之不用，近而示之远，远而示之近。利而诱之，乱而取之，实而备之，强而避之，怒而挠之，卑而骄之，佚而劳之，亲而离之。攻其无备，出其不意。”孙武总结的这“诡道十二法”，为筹划实施战争、达成战略战役目的提供了具有战略价值的方法指导。这也是孙武把它放在《计篇》的用意所在。

大谋略。中国兵家自古重视谋略、善用谋略。可以说，谋略是中国兵学、东方兵学最亮丽、最耀眼的地方，是西方兵学无法媲美、难以企及之处。作为“兵学圣典”的《孙子兵法》，不仅重谋略，而且讲政治、讲政略、讲策略、讲外交，它的谋略说到底是一种基于总体战的大谋略；是一种不苛求“百战百胜”，但求“兵不顿而利可全”的万全略；是一种“无智名，无勇功”，类似“杀人不见血”的“大智不智”“大功不功”的超形略。在谋略的具体运用上，既重视战场上用奇招、施诡计，更重视战场之外“伐交”“豫交”，把运筹外交摆到比用兵攻城更重要的地位，《用间篇》几乎通篇都是高明的外交谋略；既重视战中借谋略之力伐兵、攻城，更重视全程军事力量的谋略性展示，即所谓“威加于敌，故其城可拔，其国可隳”（《九地篇》）。

大手笔。第二次世界大战初期，希特勒采用闪击战略，在短短的时间内席卷大半个欧洲，向目瞪口呆、惊慌失措的世人展现了未曾见过的战争画卷。而实际上，这种战争大场景早在两千多年前问世的《孙子兵法》中，就已经在一定程度上做了形象而深刻的勾画。《九地篇》指出：“故为兵之事，在于顺详敌之意，并敌一向，千里杀将，此谓巧能成事者也。”可以看出，希特勒的闪击战略，与孙武提出的隐蔽战略企图，集中优势兵力，攻敌要害，千里奔袭，擒杀敌将的战略突袭，如出一辙。需要指出的是，在春秋时代，战争的场景极其“骨感”。那时的战争，原则上只有一天，最短的只有一个早上，故有“灭此而朝食”之说。战争一般都是在国境线上打，因而自古把战场称为“疆场”。到了孙武所处的春秋末期，战争形态和规模虽然有了新的发展变化，但战争场景的“宽深度”“丰满度”并没有根本性改变。站在时代高巅的孙武，能够勾画出超越时代的战争场景，不仅因为他具有非凡的军事天才，或许还得益于他的美学感悟。

（三）“大功”之求

《用间篇》指出：“昔殷之兴也，伊挚在夏；周之兴也，吕牙在殷。故惟明君贤将能以上智为间者，必成大功。”孙武在收官之篇中提出“大功”的概念，进一步彰显了他所推崇的谋求“大功”的战略思维与战略抱负。建立“大功”作为孙武的核心理念之一，贯穿到了《孙子兵法》的全篇之中。

求“完胜”。孙武特别推崇“兵不顿而利可全”的“谋攻之法”，坚决反对那种“歼敌一千，自损八百”的消耗战。在他看来，“百战百胜”固然可喜，固然可以建功，但那种代价不菲的“战胜”，“功效”就打了折扣，这种“功”自然就难言“大功”；而唯有那种兵不血刃、“不战而屈人之兵”的“完胜”，才堪称完美，方可真正谈得上“大功”。这与《用间篇》中提出的“上智为间者，必成大功”的思想是相契合的，其主要着眼点也在于通过高层次的用间于敌，有效进行“伐谋”“伐交”，实现“不战而屈人之兵”，进而建立傲人的“大功”。因此，《谋攻篇》毫不含糊地指出：“是故百战百胜，非善之善者也；不战而屈人之兵，善之善者也。”

求“大胜”。《孙子兵法》主张，战争决心一旦确定，就要以充分有效的战争准备、绝对优势的力量投入、坚决果敢的进攻行动、泰山压顶般的强劲气势，谋取战争的决定性胜利。可以说，推崇战略进攻、倡导主动进攻、主张深入敌境进攻，是《孙子兵法》的鲜明特色，也彰显了其致力谋求“大胜”的战略追求、战略意志。在战争准备上，强调“以虞待不虞者胜”“其所措必胜”“先胜而后求战”，要求兵员和物资准备充足、到位，主张“役不再籍，粮不三载”；要求知彼知己，有针对性地进行战争准备，《谋攻篇》认为：“知彼知己者，百战不殆；不知彼而知己，一胜一负；不知彼，不知己，每战必殆。”在作战力量投入上，强调“以镒称铢”，对敌形成绝对的力量优势。在进攻行动上，提出“兵之情主速，乘人之不及，由不虞之道，攻其所不戒”，“并敌一向，千里杀将”，“始如处女，敌人开户，后如脱兔，敌不及拒”。在作战气势上，强调“若决积水于千仞之溪”，形成不可阻挡之势，从态势上、士气上压垮对手和诸侯。《九地篇》指出：“夫霸、王之兵，伐大国，则其众不得聚；威加于敌，则敌交不得合”，“威加于敌，故其城可拔，其国可隳”。孙武离齐奔吴任将后，力劝吴王阖闾不要急于攻楚，而是积攒实力、消耗楚国，等待时机、谋求大胜。六年后，吴国大军“西破强楚，北威齐晋”，可谓大胜所至，大功告成。

求“心胜”。人受“心”主宰。从军事上战胜敌人是一种胜利，而从心理上征服敌人、从思想上战胜敌人则是一种更大的、彻底的胜利。公元前202年，汉军十面埋伏，将楚军围困于垓下。夜间四面楚歌，楚军军心动摇。项羽对部下说：“吾起兵至今八岁矣，身七十余战，所当者破，所击者服，未尝败北，遂霸有天下。然今卒困于此，此天之亡我，非战之罪也。今日固决死，愿为诸君快战，必三胜之，为诸君溃围，斩将，刈旗，令诸君知天亡我，非战之罪也。”（《史记·项羽本纪》）字里行间，既可看出项羽不服输的一面，也可看出他“心败”“心死”的一面。实际上，楚汉相争的过程长期处在胶着状态，刘邦、项羽经常是互有胜负，局势上时优时劣，之所以能相持下来，是因为二者都在“心争”中没有服输。刘邦最终能灭项羽而建霸业，关键还是赢得了对项羽的“心胜”。

《孙子兵法》重“心战”、谋“心胜”。“道者，令民与上同意也。故可以与之死，可以与之生，而不畏危。”《计篇》中讲到的这个“道”，能够产生“溢出效应”，也就是说对敌我双方的民众具有双重功效，它既能凝聚本国民众之心，也有影响敌国民众之力，哪一方的君主政治清明（即“主孰有道”），哪一方就有了“心胜”的基础和条件。因此，《孙子兵法》既强调实力制胜、谋略制胜，又重视“修道而保法”。杀戮俘虏是过去司空见惯的现象，但这种非人道的陋习也会导致对方的士卒决一死战、拼杀到底，并且后患无穷。与此形成对照的是，《孙子兵法》创造性地提出了优待俘虏的政策，并把其作为战胜敌人而使自己更加强大的重要途径，在《作战篇》中提出了“卒善而养之，是谓胜敌而益强”的主张。这既是一种难能可贵的人道主义政策，也是谋取“心胜”的智慧之举。

求“恒胜”。《火攻篇》指出：“夫战胜攻取，而不修其功者，凶，命曰费留。”认为打了胜仗，攻取了土地城邑，却不能巩固战争成果的，就必定会有祸患。孙武认为，既要看到眼前的胜利，也要考虑到长治久安；赢得军事上的胜利仅仅是第一步，还要赢得政治、赢得经济、赢得民心、赢得和平、赢得“恒胜”。这种远离了“费留”的“功”，才可称得上“大功”。

（四）“大器”之用

黑格尔认为，哲学是引导人们超越“熟知”而达到“真知”的学问。恩格斯讲，哲学就是“一种建立在通晓思维的历史和成就的基础上的理论思维”，哲学是“一切科学的灵魂”。美国著名哲学家威尔·杜兰特认为，“哲学是追求真理的开路先锋”。

“工欲善其事，必先利其器。”孙武研究战争问题，之所以头高眼阔、超群绝伦，其军事学说历经数千年仍熠熠生辉，最重要的是他以哲学为工具，用哲学的思维方法认识战争、把握战争、总结战争，把对战争问题的哲学思考升华为兵学要义，让《孙子兵法》充盈着哲学的智慧和力量。

坚持用唯物论认识战争。孙武认为战争的规律是可知的，战争的胜败是可以预测的，他强调“知彼知己”“知天知地”，反对迷信和天命。在《用间篇》中指出：“先知者，不可取于鬼神，不可象于事，不可验于度，必取于人，知敌之情者也。”强调着眼敌我双方的客观实际研究战事，根据“五事”“七计”的综合衡量预测战争的结果，反对凭主观愿望和喜怒哀乐决断用兵。在《火攻篇》中指出：“主不可以怒而兴师，将不可以愠而致战；合于利而动，不合于利而止。”

坚持用辩证法思考战争。孙武对待战争问题，坚持“两分法”“两点论”，全面的、发展的观点在《孙子兵法》通篇得到了淋漓尽致的体现，敌我、众寡、强弱、攻守、进退、利害、奇正、迂直、虚实、治乱、勇怯、胜败等，这些战争中的基本矛盾得到了辩证阐释。“凡战者，以正合，以奇胜”，“战势不过奇正，奇正之变，不可胜穷也。奇正相生，如循环之无端，孰能穷之”；“军争为利，军争为害”，“智者之虑，必杂于利害”；“乱生于治，怯生于勇，弱生于强”，“投之亡地然后存，陷之死地然后生”……从中可以看出，孙武的军事辩证法思想已经达到相当高的水平。

坚持用能动性驾驭战争。孙武既重视依靠实力取胜，强调“胜兵若以镒称铢，败兵若以铢称镒”，主张“胜兵先胜而后求战”；强调根据力量对比的优劣确定攻势或守势，主张“不可胜者，守也；可胜者，攻也”，但他并不机械地看待客观条件。在他看来，经过人的主观努力，可以促成矛盾的转化，可以弥补力量的不足，可以变劣势为胜势。“善战者，求之于势”“兵者，诡道也”“以利动之，以卒待之”“攻其无备，出其不意”“顺详敌之意，并敌一向，千里杀将”“途有所不由，军有所不击，城有所不攻，地有所不争”“践墨随敌，以决战事”“此兵家之胜，不可先传也”……这些思想都体现了人的主观能动性的至高价值，启迪人们把尊重客观条件与挖掘人的潜能有机地结合起来，做一个真正的“善战者”。

（五）“大度”之量

度量，是指人的胸襟、气量。作为一个统御者，有大度量，才会有大视野、大格局，关键时刻才会算大账、谋大利，一生才会建大功、成大业。王国维在《人间词话》中说：“东坡之词旷，稼轩之词豪。无二人之胸襟而学其词，犹东施之效捧心也。”作词需要胸襟，用战也大抵如此。《孙子兵法》提醒君王、将帅既要满腹经纶，又要宽宏大度、虚怀若谷，不怀小肚鸡肠，不拘小恩大怨，不为情绪所累，以“大度”求“大为”。

该放权时就放权。孙武认为，君主不能随意干预将帅前方的指挥，否则将后患无穷。他在《谋攻篇》中说：“故君之所以患于军者三：不知军之不可以进而谓之进，不知军之不可以退而谓之退，是谓縻军；不知三军之事，而同三军之政者，则军士惑矣；不知三军之权而同三军之任，则军士疑矣。三军既惑且疑，则诸侯之难至矣，是谓乱军引胜。”认为，“将能而君不御者胜”。为此，他主张身居朝中的君主要敢于放手、善于放手，赋予将帅独立的战场指挥权，军中之事皆听命于将，以自己的放手让将帅大展身手。

该联手时就联手。在抗日战争时期，陈毅带领新四军进入经济文化发达、敌人控制严密的苏北地区，在远离中央红军、无法得到策应的情况下，广泛结交友军，千方百计争取大多数，分化瓦解敌伪力量。和友军发生摩擦，他教育部队主动让些地盘，赠送一些枪支，友军称他有“大将风度”，获得了友军的信任与支持。当顽固派向新四军进攻的时候，友军主动为新四军提供方便条件，使新四军很快歼灭了敌人的精锐部队，打开了苏北抗战的新局面。而在三国时期，即使吴蜀兵戎相见，关羽被杀、荆州被夺、刘备兵败并命丢白帝城，诸葛亮都没有动摇和放弃蜀吴联盟的政策。诸葛亮、陈毅坚持和运用的这些政策与策略，在《孙子兵法》中都可以得到生动的解释。《九地篇》指出：“夫吴人与越人相恶也，当其同舟而济，遇风，其相救也，如左右手。”孙武主张在大局当前、在共同的利益面前，即使是之前有怨有仇的对手，也要放弃前嫌，联起手来一致对外。

该自束时就自束。孙武强调，“兵者，国之大事，死生之地，存亡之道”，君主、将帅要慎重决策、理智指挥，决不能“怒而兴师，愠而致战”。他警告说：“怒可以复喜，愠可以复悦；亡国不可以复存，死者不可以复生。”他提醒君主、将帅务必认清意气用兵的严重危害，强化自我约束，保持冷静、理智的心理状态，时刻管控好自己的情绪，及时有效地控制和平息“心火”，自觉服从客观现实而不是凌驾于客观现实之上，自以为是、任性乱为。

五 “远”之美

欧阳修曾说：“闲和严静，趣远之心难形。”晋人就曾主张艺术意境里要有“远神”。陶渊明也有诗说：“结庐在人境，而无车马喧。问君何能尔，心远地自偏。”古人喜欢用“远”这个概念来概括山水画的意境。也就是说，“远”早就是一个美学概念。之所以把“远”与意境连在一起，是因为“意境”的美学本质是表现“道”，而“远”就通向“道”。《庄子·逍遥游》所说的“游无穷”“游乎四海之外”“树之于无何有之乡，广漠之野，彷徨乎无为其侧”，是追求“道”，也是追求“远”。魏晋玄学追求“远”的境界，正是因为“远”就是“玄”，“远”就通向“道”。《世说新语》中就“喋喋不休”“不厌其烦”地说“远”，什么“玄远”“清远”“通远”“旷远”“深远”“弘远”“远意”“远致”，什么“清淡平远”“体玄识远”等等，不一而足。中国山水画家从一开始就讲究“咫尺万里”，讲究“平远极目”，讲究“远景”“远思”“远势”，追求“远”的意境。这与兵家“远瞩”“远见”“远虑”“远谋”“远大”的理念与站点，既有异曲同工之“妙”，又有意境追慕之“缘”。

《孙子兵法》之中，同样有“诗和远方”。它充满“高瞻远瞩”，充满“深谋远虑”，充满“远见卓识”，充满“远史近鉴”，充满“远近相动”……充满“远”的思想，充满“远”的睿智，也充满“远”的美感。最具“远智慧”的诸葛亮说：“非宁静无以致远。”最精深“远道”的孙武在《九地篇》中说：“故为兵之事，在于顺详敌之意，并敌一向，千里杀将，此谓巧能成事者也。”

宋代郭熙在《林泉高致》中说：“山有三远。自山下而仰望山巅，谓之高远。自山前而窥山后，谓之深远。自近山而望远山，谓之平远。高远之色清明，深远之色重晦，平远之色有明有晦。高远之势突兀，深远之色重叠，平远之意冲融而缥缥缈缈。其人物之在三远也，高远者明了，深远者细碎，平远者冲澹。”《孙子兵法》既有地理概念上的“远”之“景”，也有认识论意义上的“远”之“色”。我们不妨参照郭熙用“远”概括山水画意境的思路，品鉴一下《孙子兵法》的“远霞极光”。

（一）高远

清代费汉源《山水画式》解释：“高远者，即本山绝顶处，染出不皴者是也。”意在表现出山川的雄伟高大，气势磅礴，使人产生“高山仰止”的崇高感和敬畏感。高远，顾名思义，应该是远而高，尤其要具有“高”的形式感。《孙子兵法》的高远主要体现在：仰望点高，追求值高，正能量高。

从仰望点来看，《孙子兵法》总是仰天而观，把国家的存亡、民众的生死高高举过头顶，以仰视的态度审视战争、对待战争，强调“兵者，国之大事，死生之地，存亡之道，不可不察也”，强调“兵贵胜，不贵久”，主张“胜兵先胜而后求战”，谋求“自保而全胜”。总是仰望“大道”，小心翼翼地算“政治”这个大账，把“道”作为衡量战争胜负的首要因素，把“主孰有道”作为确定战与不战的首要条件，强调“修道而保法”。总是“为民请愿”，想方设法减轻民众的战争负担，主张“役不再籍，粮不三载；取用于国，因粮于敌”。

从追求值来看，《孙子兵法》追求一种“不战而屈人之兵”的“善之善者也”的境界，追求一种“兵不顿而利可全”的目标，探索一种“必以全争于天下”的“谋攻之法”“安国全军之道”。围绕达到这个至高境界，实现这个至高目标，而积极倡导“伐谋”“伐交”，主张尽力避免“伐兵”“攻城”，认为“攻城之法为不得已”。在追求“全胜”的同时，也理性务实地认同“破战”，把“破”列为“次之”的位置，在“全胜”不成的情况下被迫追求“破胜”。

在孙武的战争哲学里，这种“破”应是建立在“易胜”“谋胜”“巧胜”“速胜”基础上的，是一种低投入、低消耗、低伤亡、高效益、高性价比的“破”中之胜。从这种意义上来讲，即便无奈之下的“破胜”，也应彰显一种高追求值。

从正能量来看，《孙子兵法》是一部筹划战争、指导战争的兵法，但更像一部教导人们如何避免战争、如何弱化战争的兵略，它劝导人们“慎战”“不战”，强调“非利不动，非得不用，非危不战”，主张“归师勿遏，围师必阙，穷寇勿迫”，适可而止，不“痛打落水狗”，其间始终升腾着人间的正气，始终散射着和平的光芒，始终显示着道德的力量和久远的价值。《作战篇》提出“卒善而养之”的划时代主张，强调对俘虏的士卒要善待并使用好，这充分体现了人道主义精神，与长期以来的虐待、坑杀俘虏的陋习形成了鲜明对照，具有长远的历史意义。《九地篇》说：“夫吴人与越人相恶也，当其同舟而济，遇风，其相救也，如左右手。”这是一种倡导化敌为友、和平共处、互帮共赢思想与理念的睿智和慧举，在今天仍不失其高远之识。

（二）深远

费汉源《山水画式》解释：“三远唯深远为难，要使人望之，莫穷其际，不知其为几千万里，非有奇思者不能作。”意在强调山水景物的表现既要有深度又要有远的感觉，即所谓“自山前而窥山后”。用当代美国军事学者非常形象的话说，要看到山那边的情形。《孙子兵法》的深远主要体现在：深究远鉴，深谋远虑，深专远克，深走远扬。

从深究远鉴看，孙武对战争问题的探索，是一个由浅入深、步步挺进的过程，《孙子兵法》对战争问题钻骨入髓的理解与阐释，既离不开孙武永不自满、锲而不舍的钻研精神，也得益于他对历代前贤战争思想、用兵理论的借鉴与吸纳。《孙子兵法》通篇带有远古与前世的印痕，从“黄帝胜四帝”到“伊挚在夏”“吕牙在殷”，从“昔之善战者”到“古之所谓善战者”，从“《军政》曰”到“治气”说，都是孙武的远鉴所及、所思、所得。远鉴，让孙武拉长了思维的视角和触角，扩大了思考战争问题的纵深和空间，增加了对战争问题的认识厚度，强化了兵法战策的历史厚重感，对兵学的深究精研起到了不可或缺的助推作用。

从深谋远虑来看，《孙子兵法》的谋划思想，与以往明显不同的是，注重“先计后战”，战略运筹求精求深。《计篇》作为专篇、首篇，系统阐述战略谋划问题，要求未战之前，君臣必先运筹于庙堂之上，分析敌我力量优劣，比较战争得失，预测战争胜负，在此基础上制定战争计划，确定战略战术原则，力避草率盲目。曹操说：“计者，选将、量敌、度地、料卒、远近险易，计于高深也。”这种对“五事”“七计”的综合分析，这种君臣群体的集思广益，这种庙堂之上的严肃行为，充分表明这种战略运筹是一个严肃认真的运行过程，是一个带有现代科学思维的运作过程，也是一个深思熟虑的运思过程，它毫无疑义地注定了战略谋划的“深”与“远”。《孙子兵法》的深谋远虑，还体现在诸多具体的用兵原则上。比如，主张“将能而君不御”。过去的君王大多是世袭制，君王的智慧特别是军事才能往往是有缺陷的。君王直接干预将帅的作战指挥，造成严重后果的比比皆是。孙武出于对江山社稷的深远考虑，郑重提出“将能而君不御者胜”的观点，要求将帅“君命有所不受”。战争实践和历史发展表明，这是非常有远见的智谋。又如，主张谨防“费留”。《火攻篇》提醒君王将帅，打了胜仗要注意巩固战争胜利成果，认为“夫战胜攻取，而不修其功者，凶，命曰费留”，要求不仅要赢得战场上的军事胜利，更重要的是要赢得政治，赢得外交，赢得经济，赢得民心，赢得和平。这同样是有战略远见、有政治远见的大智慧。

从深专远克来看，在《孙子兵法》中“深远”既是个认识论的概念，有时也是个地理概念。《九地篇》曰：“凡为客之道：深入则专，主人不克；掠于饶野，三军足食；谨养而勿劳，并气积力，运兵计谋，为不可测。”“凡为客之道：深则专，浅则散。去国越境而师者，绝地也；四达者，衢地也；入深者，重地也；入浅者，轻地也；背固前隘者，围地也；无所往者，死地也。”这里所讲的“深”与“浅”明显是地理概念，是指进入敌境的深浅程度，但所揭示的“为客之道”展现了认识论意义上的“深远”之美。《九地篇》通篇主要论述了深入敌国作战，即外线作战问题。孙武针对远离本土对部队官兵心理上产生的影响，一针见血地指出了值得关注的一些规律性现象，要求将帅“静以幽，正以治”，采取一些非常规的统御手段，包括“愚士卒之耳目，使之无知”“焚舟破釜”“登高而去其梯”“施无法之赏，悬无政之令”等等。目的就是利用“远”之利，征服“远”之害，谋求“远”之克，赢得“远”之战。这种深远，洋溢着创新求奇之美、“践墨随敌”之美、合规律合目的之美。

从深走远扬来看，《孙子兵法》墙内开花内外香，美名远扬，香及四海，无他能及。2500多年来，《孙子兵法》一步步走出国门，走出军事领域，深入到世界各个国度、各个角落，深入到各域、各维、各行、各业，深入到各层级、各类别、各年龄段人的头脑，成为最受人喜爱的兵书，成为影响力最强的兵书，成为硕果累累的兵书。要说《孙子兵法》“深远”，这就是最具说服力的深远；要说为它的“深远”找“注脚”，这就是最好的“注脚”。

（三）平远

费汉源《山水画式》解释：“平远者，于空阔处、木末处、隔水处染出皆是。”平远的特点是，它的画面显得辽阔遥远，缥缥缈缈，一望无际。有人举例郭熙的《树色平远图》，坡岸处几株枯树，隔水对岸轻染云山，视野开阔，给人远望无边之感。《孙子兵法》的平远，主要体现在“宏观视野，战略眼光”“扇形视野，发散眼光”上。

从“宏观视野，战略眼光”来看，孙武总是放眼诸侯“国际”，站在战略高度和宏观的层面上，用联系的观点、整体的思维、系统的方法，从政治、军事、经济、外交、文化、社会等各个领域、多个方面，深入而系统地探讨战争的方针原则、基本指导和具体战法。对此，温宗仁《孙子军事思维的特色及其现代启示》一文指出：“孙子的军事思维具有鲜明的总体性特征。它远远超出了同时代军事家思考战争问题的思维局限，以无比广阔的宏观视野审视战争，追求从全局和总体上把握战争。”透过《计篇》可以看出，在孙武眼里，战争的胜负是由敌我双方多方面的因素决定的，只有通过对这些制胜因素的综合比较，才能对战争的进程和结局做出比较准确的预测，才能定下战与不战的决心。他将这些制胜因素归纳为“道、天、地、将、法”五个方面，称之为“五事”。强调，“凡此五者，将莫不闻，知之者胜，不知者不胜”。在此基础上，还要从“七计”中去推断。凭其视野之宽阔，即不枉为“兵圣”。正如姚有志、李文庆《孙子兵法·党政干部读本》所言：“2000多年前的孙武，能够从战略的高度抓住重点，运用普遍联系的观点和相互制约的观点来应对战争，是对军事哲学的开创性贡献。”

从“扇形视野，发散眼光”来看，孙武研究战争、谋划战事，善于从一个点上的问题，伸展为一条线上的问题，进而辐射为一个面上的问题。这种由此及彼、由点及面的眼力，让《孙子兵法》的平远之美尤显亮丽。以“地”为例，《孙子兵法》由“地”这一个点，在《计篇》中散射为“远近”“险易”“广狭”“死生”之地，又在《九地篇》中散发为“散地”“轻地”“争地”“交地”“衢地”“重地”“圮地”“围地”“死地”；在《九变篇》中，又辐射到外交领域，提出“衢地交合”；在《形篇》中，又辐射到“度”“量”“数”“称”“胜”，提出“地生度，度生量，量生数，数生称，称生胜”，认为一个国家土地面积的大小决定了它物产和财富的多少，物产和财富的多少又决定了可征调和供应军队的数量，这些因素即决定了一国的军事实力，通过对交战双方实力的全面量化和综合衡量，便可预知战争的胜负。

（四）近远

这里所说的“近远”，是拆分之后、相对之下的近与远。《孙子兵法》中的近远，充满着远与近的辩证法，充满着远与近的相变术，充满着近思与远虑的睿智和美妙。《计篇》曰：“近而示之远，远而示之近。”在这里，近与远是迷惑敌人、调动敌人的一种诡道法，彰显了对近与远的掌控之妙。《作战篇》曰：“国之贫于师者远输，远输则百姓贫。近于师者贵卖，贵卖则百姓财竭，财竭则急于丘役。力屈、财殚，中原内虚于家。”在这里，近与远是关系国家命脉、关乎百姓切身利益的大问题。为此，提出“役不再籍，粮不三载；取用于国，因粮于敌”的保障原则，彰显了对近与远的运用之妙。《军争篇》曰：“是故卷甲而趋，日夜不处，倍道兼行，百里而争利，则擒三将军，劲者先，疲者后，其法十一而至；五十里而争利，则蹶上将军，其法半至；三十里而争利，则三分之二至。是故军无辎重则亡，无粮食则亡，无委积则亡。”在这里，近与远是攸关军争利害、必须用心权衡的全局性问题，彰显了对近与远的把握之妙。《行军篇》曰：“凡地有绝涧、天井、天牢、天罗、天陷、天隙，必亟去之，勿近也。吾远之，敌近之；吾迎之，敌背之。”在这里，近与远就是要想方设法让敌接近而我远离“六害”地形，让“兵之助”助我而害敌，彰显了对近与远的驾驭之妙。

六 “动”之美

孔子曰：‘知者乐水，仁者乐山；知者动，仁者静；知者乐，仁者寿。”（《论语·雍也》）就此，刘向《说苑·杂言》中有这样一段对话：

（子贡问曰：）“夫智者何以乐水也？”（孔子）曰：“泉源溃溃，不释昼夜，其似力者；循理而行，不遗小间，其似持平者；动而之下，其似有礼者；赴千仞之壑而不疑，其似勇者；障防而清，其似知命者；不清以入，鲜洁而出，其似善化者；众人取平，品类以正，万物得之则生，失之则死，其似有德者；淑淑渊渊，深不可测，其似圣者；通润天地之间，国家以成，是智者所以乐水也。《诗》云：‘思乐泮水，薄采其茆，鲁侯戾止，在泮饮酒。’乐水之谓也。”

从孔子的言语之中，可以领悟到这样的哲理：智者乐水，是因为水中有动；智者乐动，是因为动中有乐、动中有美。

流水不腐，水动则生势、生力、生节、生韵。大智者孙武乐水，体现在《孙子兵法》之中，则是以水喻兵事、借水释“兵动”。“激水之疾，至于漂石者，势也。”《势篇》的这句话不仅阐明了力生于势、势生于动的道理，更重要的是形象地展示了“动”的活力、“动”的漂力、“动”的张力，还有“动”的美感。“夫兵形象水，水之形，避高而趋下；兵之形，避实而击虚。水因地而制流，兵因敌而制胜。故兵无常势，水无常形；能因敌变化而取胜者，谓之神。”《虚实篇》中的这句话，则通过水动的规律，形象而深刻地揭示了“兵动”的机理，也展现了“动”之美。

（一）速动之巧

《孙子兵法》主张速战速决，力求速胜，强调“兵贵胜，不贵久”。为什么？《作战篇》从反向度上做了解释：“久则钝兵挫锐，攻城则力屈，久暴师则国用不足。夫钝兵挫锐，屈力殚货，则诸侯乘其弊而起，虽有智者，不能善其后矣。故兵闻拙速，未睹巧之久也。夫兵久而国利者，未之有也。”这种久拖不决之害，反衬和彰显了速动速胜之利。

从广义上讲，速战速决是速动，围绕速战速胜而采取的一切对策都属于速动之策；而从狭义上说，那些为实现速战速决而采取的迅猛快捷的军事行动，才算得上速动。

从广义上的速动来看，《孙子兵法》的“谋攻之法”是首当其冲的速动之策。《谋攻篇》指出：“上兵伐谋，其次伐交，其次伐兵，其下攻城。”“屈人之兵而非战也，拔人之城而非攻也，毁人之国而非久也，必以全争于天下，故兵不顿而利可全，此谋攻之法也。”也就是说，要速胜于敌，最好的办法就是“伐谋”“伐交”，防止陷入久拖不决的战争泥潭。美国发动的阿富汗战争、伊拉克战争，让军事实力占绝对优势的美国付出高昂的代价，成为难以承受之痛，最关键的是战略上出了问题，也就是重武力使用，重攻城略地，轻“伐谋”“伐交”，结果深陷其中十余年，至今都无法完全脱身。当然，绝对优势的军事实力也是速战速胜不可或缺的支撑条件。在《孙子兵法》看来，一旦确立了“以镒称铢”的实力优势，就具备了“胜于易胜”的资格与实现可能，就可在“无智名，无勇功”之中悄无声息赢得战争。这种“易胜”，体现的也是速动之美。

从狭义上的速动来看，《孙子兵法》倡导突然性原则，以迅雷不及掩耳之势发起攻击，令敌猝不及防，无法及时有效地做出反应，从而在极短的时间内奠定胜局。《九地篇》说：“兵之情主速，乘人之不及，由不虞之道，攻其所不戒也。”又说：“故为兵之事，在于顺详敌之意，并敌一向，千里杀将，此谓巧能成事者也。”还说：“是故始如处女，敌人开户，后如脱兔，敌不及拒。”这些阐述共同强调的一个问题就是速动，也就是以快制胜。这种速动，是建立在广泛施计用谋、致力隐蔽突然基础之上的，有时还会施以佯动配合，其间既有谋“速”之巧，又有“脱兔”之美，让人从中看到了现代闪击战的基因与雏形。

（二）变动之灵

“变”，是战争理论恒久不变的价值体现，是《孙子兵法》通篇不变的倾心追求。在孙武的战争哲学里，充满“变”的神奇，充满“动”的灵秀，也充满“变动”的自信与自由。

奇正相动。奇正是孙子兵学的重要范畴，奇正之变、奇正相动是《孙子兵法》“动”之美的重要体现。《势篇》曰：“凡战者，以正合，以奇胜。”“战势不过奇正，奇正之变，不可胜穷也。奇正相生，如循环之无端，孰能穷之？”奇与正，是指古代军队作战的变法与常法，“以正合，以奇胜”是指以常规的战法应敌，以敌人意想不到的奇招制胜。然而，任何招数用多了、用常了，都会变为凡招；任何套路用多了、用常了，也会变为俗套。因此，《孙子兵法》强调奇正相动、奇正相生，在“动”中创造新奇，在“动”中生出“无穷”。奇正相动，至关重要的是奇正相融、奇正相掩，正中有奇、奇中有正，把玄机暗藏在奇正之中，让对手猜不透哪是奇、哪是正，始终一头雾水，难以招架应付。对此，李靖在《李卫公问对》中说：“善用兵者，无不正，无不奇，使敌莫测，故正亦胜，奇亦胜。三军之士，止知其胜，莫知其所以胜，非变而能通，安能至是哉。”“问对”的问者李世民就曾经历了奇正相动、奇正相生的精彩一幕。公元617年，李渊父子在太原起兵反隋，八月被驻守霍邑的隋炀帝将领宋老生所阻，不能前进。李渊用激将法诱激宋老生出城作战，并亲自与长子李建成率领主力部队部署于霍邑城东，为正兵；次子李世民率领偏师部署于霍邑城南，为奇兵。宋老生果然被激怒，指挥守军从东、南两门分道而出，并亲率主力向李渊父子发起猛攻，李渊不支，向后退却，李建成也不慎落马。宋老生以为有机可乘，不顾侧后暴露，挥军进逼。这时，位于城南的李世民发现宋军弱点，及时率领骑兵连续突击宋军阵后。李渊、李建成乘势回军反击，一战而胜，擒杀了宋老生。

虚实相动。《虚实篇》中的“实”是指，兵力部署上的坚实之处；“虚”是指，兵力部署上的空虚薄弱之处。《孙子兵法》既讲“避实击虚”，即所谓“进而不可御者，冲其虚也”；也讲“隐实藏虚”，即所谓“深间不能窥，智者不能谋”。既讲敌我虚实相动，即所谓“我专而敌分。我专为一，敌分为十，是以十攻其一也，则我众而敌寡”；也讲我之虚实相动，虚中有实，实中有虚，时而实转虚，时而虚转实，虚虚实实，实实虚虚，让敌心中无底、手中无策，即所谓“善攻者，敌不知其所守；善守者，敌不知其所攻”（《形篇》）。这种虚实相动之妙，恰如《虚实篇》所言：“微乎微乎，至于无形，神乎神乎，至于无声，故能为敌之司命。”

真假相动。“兵以诈立。”你用诈，我也用诈，甚至道高一尺，魔高一丈；你用诈，我也识诈，甚至反其道而行之。因此，战场上单纯以假诈敌，难免被人识破，被人利用。唯有真假相动，真中有假，假中有真，才能让人真假难辨，莫衷一是。孙武不愧为一代权谋理论家，他既讲“示假”，如“能而示之不能，用而示之不用，近而示之远，远而示之近”，又讲“假”中融“真”、假戏真做，如“利而诱之”中的“利”，“形之，敌必从之”中的“形”，“以利动之，以卒待之”中的“利”与“卒”，“作之而知动静之理”中的“作”，“角之而知有余不足之处”中的“角”，等等。在以往发生的战争中就有这样的情况，本是试探性的进攻，也即《虚实篇》所谓的“角之”，而在实施的过程中着眼战情的突变，并本着有利的原则，果断地把佯动升级为真动，竟也收到了出其不意的效果。《红楼梦》中写道：“假作真时真亦假，无为有处有还无。”真假相动，真真假假、假假真真，在为人处事中折射的是一种丑陋，而在真假变幻的战争游戏之中，则彰显出一种动美。

迂直相动。《军争篇》说：“军争之难者，以迂为直，以患为利。故迂其途，而诱之以利，后人发，先人至，此知迂直之计者也。”又说：“先知迂直之计者胜，此军争之法也。”这就是说，最远的距离往往是最近的，最难达到的往往是最容易实现的；最近的距离往往是最远的，最容易达到的往往是最难实现的。然而，面对深谙“以迂为直”之道的对手，可能又回到它的本真状态：最远的、最难达到的，或许就是最远的、最难达到的；而最近的、最容易实现的，或许就是最近的、最容易实现的。此可谓：“以迂为迂”，“以直为直”。这就需要动态地看待迂直关系，避免陷入“迂”即真直、“直”即真迂的误区。实际上，《孙子兵法》的“迂直之计”中既有“以迂为直”之核，也有迂直相动、相生之涵。比如，“不战而屈人之兵”走的是迂路，“伐兵”“攻城”走的则是直路，而迂路毕竟是一种理想追求，不能一厢情愿，不能一条道走到黑，必须与直路一并准备，迂路走不通的时候就要果断地走直路，或在走迂路的时候在直路上给予必要的牵动配合。这就是《孙子兵法》既讲“全”也讲“破”的奥妙所在。如果说二战时盟军的诺曼底登陆、朝鲜战争中美军的仁川登陆，充分地张扬了《孙子兵法》“以迂为直”的战争艺术之妙美，那么抗日战争时期刘伯承指挥的“七亘村重叠设伏”，则艺术性地展现了迂与直的绝妙相动之神奇。

（三）调动之妙

能够有效地调动敌人，牵着敌人的鼻子走，是一种真功夫、大本领，也是一种高超的艺术。毛泽东可谓最善于调动敌人的超级高手，“四渡赤水”之战则把这种魔术化的艺术推向了极致化的程度。孙武在“动敌”上毫不逊色，《孙子兵法》主张以多种手段巧妙让敌就范，以便为我所用。

形而牵动。就是通过作战力量强弱状况、部署形态，和作战意图、作战动态的有意展示，以及调整变化的巧妙暗示，牵动对手“因敌而变”、做出相应调整，从而达到调动敌人的目的。《势篇》说：“故善动敌者，形之，敌必从之。”在示形上，《孙子兵法》提出了一系列命题，如“能而示之不能”“用而示之不用”“近而示之远”“远而示之近”“乱生于治，怯生于勇，弱生于强”等等。对这些“形动”思想，后人都有精彩运用，像孙膑的“减灶示弱”、刘邦的“明修栈道”、毛泽东的“诱敌深入”，都是指挥艺术的经典之作。

利而诱动。就是利用人趋利的天性和贪利的弱点，施敌以小利，诱使敌人为争利而盲动。《孙子兵法》鲜明地提出了“利而诱之”的用兵思想，在文中多次阐明了“利动”的原则、思路和方法。如《势篇》的“予之，敌必取之。以利动之，以卒待之”，《虚实篇》的“能使敌人自至者，利之也”，《军争篇》的“故兵以诈立，以利动，以分合为变者也”，《九变篇》的“趋诸侯者以利”，等等。而《孙子兵法》提出的“围师必阙”用兵之法，《用间篇》提出的“爱爵禄百金”的警告、“赏莫厚于间”的用间秘诀等，也都体现了“利动”的思想。《地形篇》说：“故进不求名，退不避罪，唯人是保，而利合于主，国之宝也。”实际上，这个“利合于主”就大有文章可做，战场上倘若制造出这种假象，无论君主、将帅都会乖乖上钩的。这就是《孙子兵法》“利动”的魅力所在。

害而迫动。就是用敌人最害怕、最不想发生的事情迫其避而远之，也似“砸鼠忌器”，不得不放弃应有之为。《九变篇》要求“屈诸侯者以害”。《虚实篇》说：“能使敌人不得至者，害之也。故敌佚能劳之，饱能饥之，安能动之。”就是要通过疲敌、饿敌、扰敌，迫使敌人“动”无力、“动”无速、“动”无效。《作战篇》说：“故不尽知用兵之害者，则不能尽知用兵之利也。”调动敌人，就是要有意让敌人感受到害患所在、痛点所在，该“给点颜色看看”的就毫不手软。当年我党我军与傅作义集团的谈判非常艰难，对方当初的“要价”非常高，可谓无智、无理、无度，而最终被迫顺我而动，答应我和平解放北平的条件，我军的有力打击——傅作义遭到的天津失守之“害”，则成为重大转折点。

制而驱动。《虚实篇》说：“故我欲战，敌虽高垒深沟，不得不与我战者，攻其所必救也；我不欲战，画地而守之，敌不得与我战者，乖其所之也。”所谓“攻其所必救”，就是间接用兵施策，借助施力点与施救点利害关系的关联，来传导“动敌”之力，驱使敌人不得不为我所动。历史上的“围魏救赵”，就是采取“攻其所必救”的战略，通过围攻魏国都城大梁，让围困赵国都城邯郸的魏军不得不撤兵回援，从而解了邯郸之围。所谓“乖其所之”，就是采取多种措施改变敌人的去向，把敌军引向其他目标。这些措施之中，就包括了“攻其所必救”。当然，这需要预先准备和随机动用己方的预备力量，或依靠盟友来“围魏救赵”。

激而拱动。《火攻篇》突出强调：“主不可以怒而兴师，将不可以愠而致战；合于利而动，不合于利而止。怒可以复喜，愠可以复悦；亡国不可以复存，死者不可以复生。故明君慎之，良将警之，此安国全军之道也。”孙武所以对“怒”与“愠”如此高度警惕，就在于人容易被激怒、被惹火。作为君主、将帅，一旦火气上来了，怨恨出来了，战争决策就会情绪化、失准头，其后果也就不堪设想了。《孙子兵法》既提示人们戒怒、防愠，又注意利用人这种易怒、爱愠的弱点，要求用谋略手段有针对性地刺激敌方君主或将帅，把“火”拱起来，把“气”激起来，比如“怒而挠之，卑而骄之”，让其一怒之下中招，一愠之下上套，从而达到调动敌人的目的。

（四）不动之明

调动敌人而不被敌人所调动，是《孙子兵法》“致人而不致于人”这一重要思想的应有之义。战争是对抗双方互动的过程，你想方设法调动我，我也在挖空心思调动你，所以在调动对手的同时，还要防止被对手调动。调动敌人需要办法，不被敌人调动需要眼光。可以说，调动敌人是一种妙美，不被敌人调动则是一种美妙。《九地篇》说：“合于利而动，不合于利而止。”为此，既要算大利而动，又要防止贪小利而被调动。《虚实篇》说：“能因敌变化而取胜者，谓之神。”为此，既要善于因敌而动，又要注意透过现象看本质，透过敌动辨真假、识意图，不被敌人的计谋所调动。《作战篇》说：“故杀敌者，怒也。”为此，既要注意激励部队英勇杀敌，又要防止被敌激将而轻举妄动。在这方面，古代两位赫赫有名的传奇人物用“动”与“不动”，书写了截然不同的历史与人生。这两个人，一个是司马懿，一个是赵括。

先说司马懿。据《晋书·宣帝纪》记载，公元234年，司马懿迎战诸葛亮，两军在祁山对垒上百天没出结果。诸葛亮多次挑战，司马懿不理不睬，坚守不出。后来，诸葛亮派人把女人的衣服送给司马懿，羞辱他胆小得似女人。司马懿表面上勃然大怒，上表魏明帝批准其出战，实际上不出战的主意早定，他也深知明帝不会批准。事实是，明帝不但不批准，还派了卫尉辛毗手持杖节，守在军营门口把关。岂知，司马懿的上表是专做给那些急于出战的将领看的。朝廷派人把守营门，或许也是司马懿的主意，至少是君臣的默契。结果是，诸葛亮不战自溃，司马懿不战而胜。假如司马懿把持不住自己贸然出战，必然正中诸葛亮的下怀，其结局就不好说了。

再说赵括。公元前262年，秦国名将白起率军攻打赵国，赵国名将廉颇鉴于秦强赵弱的态势，采取坚守不出的战略，准备在持久防守中拖垮秦军。秦国很快就识破了廉颇的意图，于是使用离间之计，促使赵王弃用廉颇，而起用好“纸上谈兵”的赵括为帅。赵括上任后改变了廉颇制定的防御部署及军规，更换将吏，实施进攻战略。白起针对赵括骄傲轻敌的弱点，采取了佯败后退、诱敌脱离阵地，进而分割包围、予以歼灭的作战方针，在长平一带大败赵军。主帅赵括被射杀，几十万赵军被坑杀，成为历史的悲剧和笑柄。

透过历史可以看出，面对狡猾的对手，既要有很高的敏感度，该“动”的时候一定要不失时机地“动”好；又要有很强的定力，不该“动”的时候一定不要盲动，绝不能随风飘浮，一有风吹草动就稳不住神、沉不住气、站不住脚，被敌人牵着鼻子走。“你有千条妙计，我有必定之规”，才算得上真英雄。

七 “游”之美

“游”，在《庄子》里最显眼、影响最甚的，是出现在著名的“庖丁解牛”故事当中。

> 庖丁为文惠君解牛，手之所触，肩之所倚，足之所履，膝之所踦，砉然响然，奏刀𬴃然，莫不中音，合于《桑林》之舞，乃中《经首》之会。文惠君曰:“嘻！善哉！技盖至此乎？”庖丁释刀对曰:“臣之所好者道也，进乎技矣。始臣之解牛之时，所见无非全牛者；三年之后，未尝见全牛也。方今之时，臣以神遇而不以目视，官知止而神欲行。依乎天理，批大郤，导大窾，因其固然，技经肯綮之未尝，而况大軱乎？良庖岁更刀，割也；族庖月更刀，折也。今臣之刀十九年矣，所解数千牛矣，而刀刃若新发于硎。彼节者有间，而刀刃者无厚。以无厚入有间，恢恢乎其游刃必有余地矣。是以十九年而刀刃若新发于硎。虽然，每至于族，吾见其难为，怵然为戒，视为止，行为迟，动刀甚微，謋然已解，如土委地。提刀而立，为之四顾，为之踌躇满志，善刀而藏之。”文惠君曰：“善哉！吾闻庖丁之言，得养生焉。”（《庄子·养生主》）

庖丁解牛，游刃有余，“十九年而刀刃若新发于硎”，达到了高度自由的境界。庄子美学的核心是对“自由”概念的讨论，以及对于“自由”和审美的关系的讨论。“庖丁解牛”的故事表明，人们在劳动创造的实践中所达到的自由的境界，也就是审美的境界。“游”，体现的是一种无拘无束（相对）的自由，鱼在水里游是鱼的自由运动，鸭在水上游是鸭的自由运动，人在水中游是人的自由运动；“庖丁解牛”，游刃有余，那体现的是一种高度的自由。

庄子亲近大自然，乐于游山游水，经常出没于山水之间，是因为他崇尚“自由美”。庄子讲“逍遥游”，讲“乘天地之正，而御六气之辩，以游无穷”，讲“游心于物之初”，是因为“游”是“自由”的一种境界、一种状态，是“自由美”的一种外在体现，也是实现“自由美”的一种方式。

《孙子兵法》同样追求“自由”，她是追求一种用兵的“自由”，尤其是“庖丁解牛”游刃有余那般的高度“自由”。这种“自由”，就似那种有余地、无障碍，顺畅、从容的“游动”，是用兵的一种大境界。在《孙子兵法》的美学里，“游”与“自由”密不可分，有时甚至是画等号的。

毛泽东创造的游击战战法，精髓就在于机动灵活，没有框框、没有成规、没有定式，用兵作战步入一种高度自由的状态，什么时候打、采取何种战法打，什么情况下走、往哪里走，一切都牢牢掌控手中；而其要旨就是一个“游”字——能“游”、会“游”、善“游”，既“游”得好又“击”得好。《孙子兵法》追求用兵的“游”或者说“自由”，说到底就是牢牢掌握战争的主动权，在用兵上拥有较高的自由度。这种“游”如同“庖丁解牛”的游刃有余，给人带来美感，给人带来“自由美”的享受。

（一）进退自如

《孙子兵法》的用兵思想和原则，倡导该进则进、该退则退，能进能退、善进善退，体现了对用兵主动权和从容度的孜孜追求。《谋攻篇》说：“故用兵之法，十则围之，五则攻之，倍则分之；敌则能战之，少则能逃之，不若则能避之。”意思是说，拥有十倍于敌的兵力时，就围歼敌人；拥有五倍于敌的兵力时，就直接进攻敌人；拥有两倍于敌的兵力时，就要设法分割敌人，各个击破；兵力与敌相当，要有战胜敌人的能力；兵力少于敌人，要设法摆脱敌人；实力弱于敌人时，要避免与敌人决战。其要旨就在于，据情用兵，量力对敌，进退适度，掌握主动。这种相对“自由”的进退，能够有效防止和避免该篇所说的“故小敌之坚，大敌之擒也”那样的惨败，即力量弱小的军队一味强打硬拼，就会成为强大敌人的俘虏。这种基于实力和战情的自如进退，既闪耀着“自由”之美，也充满着理性务实之智。还有，《计篇》说：“将听吾计，用之必胜，留之；将不听吾计，用之必败，去之。”这段话，无论是孙武就自己的走留来说的，还是对将帅的去留来讲的，都是掷地有声，没有丝毫的含糊和缠掣，体现了一种“从容状”、一种“自由态”。从孙武自身来看，从他离齐奔吴、锐意建功，到功成名就后毅然归隐，也是这种智慧、这种审美观的反映。

（二）攻防自如

《投笔肤谈》说：“凡以守待敌者逸，以攻待敌者劳，劳逸之相乘，而利归于守也。攻则力合而难敌，守则势分而难救，分合之相乘，而利归于攻也。守之顺者攻之逆，攻之易者守之难，攻守之相乘，而胜负之机不定也。故欲低昂之，不可不如持衡然。”意在要求用兵者注意把握攻守之间的辩证关系，掌握好攻守平衡。那么，究竟该怎么把握这种辩证关系、如何掌握这种平衡呢？孙武在《形篇》中有非常明确的回答：“不可胜者，守也；可胜者，攻也。守则不足，攻则有余。善守者，藏于九地之下；善攻者，动于九天之上，故能自保而全胜也。”意思是说，若要不被敌人战胜，就要实施防御；想要战胜敌人，就要采取进攻。之所以采取防御，是由于自己兵力不足；之所以要采取进攻，是因为自己兵力充分。善于防御的人，隐蔽自己的兵力如同深藏于地下；善于进攻的人，对自己的兵力运用如同神兵从天而降。所以，既能保全自己，又能夺得完全的胜利。在孙武眼里，不管是兵力占优势或是据劣势的一方，只要能够根据敌我力量的实际，灵活选择攻或防、善于实施攻或防，都有可能实现“自保而全胜”的目标。这彰显了一种用兵的自信，彰显了一种用兵的从容，也彰显了该攻则攻、该守则守、攻守自如转换的“自由”。

（三）收放自如

能屈能伸是大境界，能放能收是大智慧。毛泽东用兵最擅长“诱敌深入”，什么时候开闸放水，什么时候关闸堵水，什么时候撒网，什么时候收网，什么时候引狼入室，什么时候关门打狗，一切尽在掌控中。再就是，抗日战争时期，我党我军根据瓦解敌军和统一战线斗争的需要，对日军俘虏、国民党军队被俘官兵的留与放，都显示了高度的灵活性与睿智性。这种收放自如的大智慧，即便不是直接来自《孙子兵法》，也是受到了孙子思想智慧的熏陶。《孙子兵法》就有一种收放自如的高迈与大气。《军争篇》说：“故用兵之法，高陵勿向，背丘勿逆，佯北勿从，锐卒勿攻，饵兵勿食，归师勿遏，围师必阙，穷寇勿迫，此用兵之法也。”这里，有求有弃，有取有舍，有视情而定的自由。“以迂为直，以患为利。故迂其途，而诱之以利，后人发，先人至，此知迂直之计者也。”“先知迂直之计者胜，此军争之法也。”这里，有直有迂，迂直相变，有因势而为的自由。这充分地体现了驾驭战局的得心应手之美、潇洒飘逸之美。

（四）致而自如

孙武在《虚实篇》提出的“致人而不致于人”的重要思想，核心是设法控制敌人而不被敌人所控制，也就是说既要想法让敌人失去行动的自由，又要让敌人无法控制我方行动的自由。这种“致”敌而不被敌所“致”的追求战场高度“自由”的智慧，则是一种层次更高的“游”，闪烁着一种层级更高的美。《虚实篇》说：“故形人而我无形，则我专而敌分。”“故善攻者，敌不知其所守；善守者，敌不知其所攻。”《军争篇》提出“避其锐气，击其惰归”“以治待乱，以静待哗”“以近待远，以佚待劳，以饱待饥”等等，都是一种游刃有余、从容自如的用兵艺术，都张扬着“致人而不致于人”的“自由美”。

（五）合规律者自由

《庄子》中除了“庖丁解牛”的故事，还在《达生》篇讲了“痀偻者承蜩”的故事、“津人操舟若神”的故事、“吕梁丈夫蹈水”的故事，在《田子方》篇讲了“列御寇为伯昏无人射”的故事，等等。这些寓言故事，描绘了一批工匠、手艺人、船夫、能手在技艺上达到的高度的自由。阅读这些动人的故事也可发现，他们那些娴熟高超的技艺，那种高度自由的境界，是建立在对技艺规律的掌握与遵循上的。也就是说，他们所创造的美，是一种合规律的美，他们的自由之“游”是在规律的河堤之内的畅游。违背了规律，也就失去了自由，“游”也就变成了“挤”，变成了“塞”，甚至是变成了“撞堤”。《孙子兵法》的美是一种“合规律”的美，它的大美之处就在于高人一筹地揭示了战争的规律，让用兵人在规律的框架内自由驰骋、从容流动。认识这些规律、遵循这些规律、创造性地运用这些规律，它的“游”之性才能得以呈现，它的“自由”之美才能得以显现。

八 “善”之美

老子和孔子的哲学与美学思想，都涉及“善”的命题。《老子》第二章说：“天下皆知美之为美，斯恶矣；皆知善之为善，斯不善矣。故有无相生，难易相成，长短相形，高下相盈，音声相和，前后相随。”老子这里所说的“美”，是相对于“美”的对立物“恶”（丑）而存在的。美与丑，善与恶，有与无，难与易，都是相互比较、相互依赖而存的。孔子关于“美”与“善”的论述，《论语》中有多处记载：“子在齐闻《韶》，三月不知肉味，曰：‘不图为乐之至于斯也。’”“子谓《韶》：‘尽美矣，又尽善也。’谓《武》：‘尽美矣，未尽善也。’”在孔子看来，好的艺术不仅要符合形式美的要求，还要符合道德要求，做到“美”和“善”的统一。

孙武同样以“善”为美。但《孙子兵法》中的“善”，不是老子、孔子所指的道德范畴的善良仁慈之“善”，而是战争指导与作战指挥上的上佳、完美之“善”。领略《孙子兵法》的“善”之美，不妨点击一下这三个关键词。

（一）崇善

“善”，是孙子兵学里的一个重要概念，是孙子战争评价体系里的一个核心指标，也是孙武用兵的基本追求。

立“善”言兵。孙武研战论兵，常常把“善”字挂在嘴边。推崇某些将帅，肯定某场战事，赞赏某种战法，推介某种理论，追求某种境界，孙武最喜欢用的字就是“善”。《孙子兵法》先后用了33个“善”字，《形篇》竟集中使用了13个之多。特别是一些关键性的军事思想、用兵原则、兵法条文，都是以“善”打头的。如“善用兵者”“善战者”“善攻者”“善守者”“善动敌者”“善出奇者”等等。“善”与否、“善度”的大与小，是孙武衡量与定性战争指导水平高低、作战指挥质量优劣、战争代价大小、战争结局好坏的硬性尺度。在孙武看来，只有这个“善”字，才能恰如其分、一针见血地把战争行为之妙反映出来，才能生动真切、淋漓尽致地把战争艺术之美勾画出来，进而让人更好地去欣赏、去领悟、去追逐。实际上，《孙子兵法》不仅“善”字当头、“善”字跳跃其间，而且以主要篇幅阐述的也是“善战”问题。

举“善”点睛。《孙子兵法》不仅用“善”字定性战事，而且举要“善”的标准与要求，为用兵者求“善”、择“善”、创“善”指点迷津，画龙点睛式地提供思路与要则。比如，在孙武看来，“善用兵者”就“善”在：“役不再籍，粮不三载；取用于国，因粮于敌”，“屈人之兵而非战也，拔人之城而非攻也，毁人之国而非久也，必以全争于天下，故兵不顿而利可全”，“譬如率然……击其首则尾至，击其尾则首至，击其中则首尾俱至”，“避其锐气，击其惰归”，“修道而保法，故能为胜败之政”；“善战者”就“善”在：“能为不可胜，不能使敌之可胜”，“立于不败之地，而不失敌之败也”，“其势险，其节短”，“求之于势，不责于人，故能择人而任势”，“致人而不致于人”；“善攻者”就“善”在：“动于九天之上”，“敌不知其所守”；“善守者”就“善”在：“藏于九地之下”，“敌不知其所攻”；等等。

见“善”思齐。孙武“崇善”，还体现在研究兵学理论、探求胜敌之道，始终注意学习前贤，把目光聚向那些“昔之善战者”，或从中受到启迪，或用以佐证与阐释自己的观点上。《孙子兵法》举例说：“昔之善战者，先为不可胜，以待敌之可胜”，“古之所谓善战者，胜于易胜者也”，“所谓古之善用兵者，能使敌人前后不相及，众寡不相恃，贵贱不相救，上下不相收，卒离而不集，兵合而不齐”，等等。这或许就是《孙子兵法》能够超越前人、以“兵学圣典”影响于世的重要原因。

（二）谋善

孙武对用兵之“善”的孜孜追求，在《孙子兵法》中体现得非常充分。他把“谋善”之道与其谋略思想融为一体，尽显智慧与美感。

以“智”求“善”。杜牧在注释孙子时说：“先王之道，以仁为首；兵家者流，用智为先。”孙武在《计篇》列出了为将的五种美德，将“智”放在“五德”之首；并在《用间篇》提出，“能以上智为间者，必成大功”。在《九变篇》强调：“是故智者之虑，必杂于利害。杂于利，而务可信也；杂于害，而患可解也。”与此同时，孙武还极力倡导一种“智”，那就是“无智名”之“智”。他在《形篇》指出：“古之所谓善战者，胜于易胜者也。故善战者之胜也，无智名，无勇功。”这种“智”与道家“大音希声，大象无形”（《老子·四十一章》）、“天地有大美而不言”（《庄子·知北游》）如出一辙，是一种“大智不智”。

以“计”求“善”。“计”是智慧的精髓、力量的源泉，也是《孙子兵法》的核心思想之一。这种“计”，既是谋划运筹之“计”，也是施计用谋之“计”。在谋划运筹上，《孙子兵法》把战争谋划内容的《计篇》列为首篇，强调对“五事”“七计”等情况进行综合“计算”，在此基础上慎重做出决策。孙武认为：“未战而庙算胜者，得算多也；未战而庙算不胜者，得算少也。多算胜，少算不胜。”孙武一再强调，对战事要在庙堂里反复谋划，精心设计，严肃决断。在《九地篇》提出：“是故政举之日，夷关折符，无通其使；厉于廊庙之上，以诛其事。”在施计用谋上，《孙子兵法》提出了一系列军事谋略思想和原则。比如，“兵者，诡道也”，“攻其无备，出其不意”，“车杂而乘之，卒善而养之”，“以利动之，以卒待之”，“故策之而知得失之计，作之而知动静之理，形之而知死生之地，角之而知有余不足之处”，“避其锐气，击其惰归”，“施无法之赏，悬无政之令，犯三军之众，若使一人”，“始如处女……后如脱兔”，等等。

以“奇”求“善”。孙武在《势篇》提出了“奇正”这一著名的用兵范畴，并系统做了阐述，认为“凡战者，以正合，以奇胜”，“善出奇者，无穷如天地，不竭如江河”，“战势不过奇正，奇正之变，不可胜穷也。奇正相生，如循环之无端”。实际上，以“奇”求“善”，出奇制胜，贯穿在《孙子兵法》的十三篇之中。“出其所不趋，趋其所不意”，“兵之情主速，乘人之不及，由不虞之道，攻其所不戒”，“善攻者，敌不知其所守；善守者，敌不知其所攻”，“投之亡地然后存，陷之死地然后生”，等等，深刻揭示了奇正之变的内在规律，都是对“奇”的精妙运用，是“求善”不可或缺之策。

以“巧”求“善”。所谓以小博大、“四两拨千斤”，靠的就是一种巧劲。孙武既倡导实力制胜，也推崇“巧能成事”，《九地篇》指出：“顺详敌之意，并敌一向，千里杀将，此谓巧能成事者也。”《孙子兵法》提出的许多用兵原则、战略战术，都是“巧”的结晶，生动体现了“巧”的智慧。比如，“利而诱之，乱而取之”，“取用于国，因粮于敌”，“兵之形，避实而击虚”，“以近待远，以佚待劳，以饱待饥”，“屈诸侯者以害，役诸侯者以业，趋诸侯者以利”，“先夺其爱”，等等。在冷兵器时代，火攻是以“巧”胜敌的最有效方式之一，当年官渡之战曹操能够以劣势力量彻底打败强大的袁绍集团，凭的就是火烧袁军乌巢粮草基地这一巧劲。孙武非常重视巧借自然力量取胜，认为“以火佐攻者明，以水佐攻者强”，并且《孙子兵法》专设《火攻篇》，系统阐述“火攻”的原则、方法与注意事项，凸显了“以巧制胜”的思维和功力。《孙子兵法》的热衷研究者曹操，能在官渡之战中巧施火攻之策，也正是受到了《孙子兵法》的深刻影响；而赤壁之战的惨败，也恰恰是头脑发热的曹操把《孙子兵法》置于脑后，忽略了对弱小孙吴以“巧”取胜的防范。

（三）超善

孙武是一个现实主义者，也是一个理想主义者、完美主义者，他思考问题、研究战争、创新战法，与历史上众多兵家一个很大的不同点就在于，在思维活动中他追求一种至高无上的境界。这种思维特征体现在用兵“求善”上，就是不满足于追求一般意义上的“善”，而是脱俗超群、直指峰巅，谋求一种最高等级的“善”——“超级善”，也就是《孙子兵法》中所说的“善之善”。

在孙武看来，用兵每战必胜固然称得上“善战”，不出人们所料地预测战争进程和结局亦可算得上“善为”，经过艰苦激战赢得普天下人认可的胜利当然是一种“善胜”，但类似的“善”不过是一种基本性、低层级的“善”，并未达到最理想的“善”的境界。也就是《谋攻篇》所言：“是故百战百胜，非善之善者也。”《形篇》所言：“见胜不过众人之所知，非善之善者也。战胜而天下曰善，非善之善者也。”孙武认为，最理想的用兵境界就是“不战而屈人之兵”，故谓之“善之善者也”。

那么，“不战而屈人之兵”的战略究竟“善之善”在哪里、“美之美”在什么地方呢？战争活动自古都是对抗双方面对面的厮杀，是一种“流血的政治”，是一种代价越来越高、越来越难以承受的“军事游戏”，即便是最后的胜利者往往也会被打得遍体鳞伤，不仅百姓跟着遭殃，国家也长时间恢复不了元气，如果“诸侯乘其弊而起”，后果就更不妙了。残酷的战争现实迫使并启发孙武走出固有的思维天地，拓宽视野，另辟蹊径，创造性地寻找战争手段以外的解决问题的方略。于是，“伐谋”“伐交”这种“不战而屈人之兵”的“非战”战略应运而生。这种划时代的战略，之所以被称为“善之善”，就在于“屈人之兵而非战也，拔人之城而非攻也，毁人之国而非久也”，“兵不顿而利可全”；之所以被称为“美之美”，就在于“善战者之胜也，无智名，无勇功”。

九 “中”之美

“中”，是从中国远古文化衍生出来的美学概念。“中”原是中国远古的仪式地点，人们在“中”的图腾杆下集合、议事、断决、誓师；在“中”杆下仰望天空，与天空对话。远古的仪式地点，经过千年的演化，最后成了帝王君临天下的行政中心，凸显了“中”在中国文化、中国美学形式中的核心地位。在中原大地，“中”的意思就是“好”。

对此，张法《中国美学史》做了系统阐释：“‘中’，意味着中心与四方的天下观念，‘中’是一种中国式的空间图式；‘中’，意味着日月运行有一个中心，春夏秋冬的往来围绕一个中心，历史兴衰循环有一个中心，‘中’又是一种中国式的时间图式；‘中’，意味着一个政治／地理／时空中心，一个中国式的帝王和以帝王为中心的等级制度；‘中’意味着一个居中的主体，居中而观天地、而理四方，表现为一种中国式的天地人合一的模式；‘中’，表现为以制度为标准的不偏不倚、不过不及的中正的社会／政治思想，表现为以自然为规律的阴阳相生、五行相成的中和的宇宙／哲学观念，从而‘中’，也是中国美学的核心。从时空和宇宙模式来看，这个‘中’是‘无’（天道），从政治／社会来看，这个‘中’体现为有（圣王）；‘中’呈现为有无相生；‘中’体现为美学形式的时候，最好体现了‘中’的有无相生的文化意蕴。”

《孙子兵法》的“中”之美，既可以从远古文化、远古美学的这种演化发展轨迹，及其精髓要义中找到源头，同时又以个性化的魅力生动诠释了远古文化、远古美学的生命力、影响力与发展脉络。

（一）中正

《书·吕刑》曰：“明启刑书，胥占，咸庶中正。”蔡沉集传曰：“咸庶中正者，皆庶几其无过忒也。”朱熹指出：“中庸者，不偏不倚，无过不及，而常行之理，乃天命所当然，精微之极至也。”这种不偏不倚，强调的是既不太过，又无不及，不要片面，不要偏激，不要太趋向和执着于某一端。冯友兰《中国哲学简史》在解释《易经》时说：“事物若要臻于完善，若要保住完善状态，它的运行就必须在恰当的地位，恰当的限度，恰当的时间。《易》的卦辞、爻辞，把这种恰当叫作‘正’‘中’。”这种被冯友兰叫作“正”“中”的“恰当”，如果通俗地来理解，就是我们日常所说的“正好”。战国时期楚国著名才子、辞赋家宋玉，在《登徒子好色赋》中曾经描写过东家美女：“增之一分则太长，减之一分则太短，著粉则太白，施朱则太赤，眉如翠羽，肌如白雪，腰如束素，齿如含贝；嫣然一笑，惑阳城，迷下蔡。”宋玉“赋”中的这位绝色佳人，迷人之处就在于她的身材与容颜“恰到好处”，体现的就是一种“正好”。

无限风光在崖巅，前挪一寸是深渊。真理向前一步，就是谬误。《孙子兵法》贯彻和体现了“中正”“正好”的理念，在军事思想、战争学说中具体而生动地诠释了“中者，天下之正道”“不偏不倚，无过不及”之“中”的内涵。

把握“好”的尺度，谨防优长变劣点。《孙子兵法》重视将帅品德修养，《计篇》提出“智、信、仁、勇、严”的五条标准；《地形篇》提出“进不求名，退不避罪，唯人是保，而利合于主”的明确要求。同时，《九变篇》又提出戒“五危”之说，认为：“将有五危：必死，可杀也；必生，可虏也；忿速，可侮也；廉洁，可辱也；爱民，可烦也。凡此五者，将之过也，用兵之灾也。覆军杀将，必以五危，不可不察也。”从修“五德”到戒“五危”，孙武给人们传递了一个怎样的信息呢？那就是做事情不能过分“求好”，过了就会成为“癖”，甚至会走向事物的反面。在孙武看来，奋勇杀敌是必要的，但要反对孤注一掷的匹夫之勇；保存自己是没错的，但要反对那种偏重保存实力、保护自己的消极怠战行为；战场上义愤填膺、同仇敌忾是对的，但要防止情绪失控、落敌圈套；保持廉洁的美名无可厚非，但要防止为名分所累、被敌人所用；爱民是应该的，但不能一味“爱民”影响整体和大局，而使国家和人民遭受更大的损失。

把握“高”的尺度，谨防消化不良症。食量适中，营养够用，裨益健康；胃口过大，就会消化不良，损害身体。同理，战争中在作战目标的确立上，如果胃口过大，也会出现消化不良的问题。抗美援朝战争中，特别是在战争初期进展比较顺利的情况下，志愿军部队出现了盲目乐观的情绪，严重低估了美军的战斗力，作战目标往往定得过高，以致该攻下的阵地攻不下，让本该可以围歼的敌人溜之大吉，造成了不该有的重大损失。后来，志愿军吸取教训，缩小胃口，适度确定歼敌目标，比如有的用一个军打敌一个营，就收到了很好的效果。《孙子兵法》主张在作战目标的确立上，要从实际出发，量力而行，反对贪大冒进。《谋攻篇》强调：“故用兵之法，十则围之，五则攻之，倍则分之；敌则能战之，少则能逃之，不若则能避之。故小敌之坚，大敌之擒也。”老子曾经说：“知足不辱，知止不殆，可以长久。”又说：“祸莫大于不知足。”《军争篇》主张“归师勿遏，围师必阙，穷寇勿迫”，讲得虽然有些绝对，但也体现了适度、留有余地的目标追求，是一种作战目标、作战追求上的“知足”，也就是“知度”不“过度”。

把握“得”的尺度，谨防一味盲目“趋利”。利害常相依，得失常相随。凡事有利就有害，有得就有失，趋利就意味着容害，而且往往是求利越大，随害也越大。做任何事情都需要在利与害的相权中找到一个平衡点，找到一个最大公约数，以谋利的“正好”实现获利的最大。就像足球比赛，加强场上的进攻，势必要弱化场上的防守；反过来说，进攻往往又是最好的防守，防守往往也是最好的进攻（防守反击）。因此，至于投入多大的攻击力量，投入多大的防守力量，需要根据球队的实力和对手的情况，具体而灵活地部署与调整，而这里的核心与关键就在于保持攻守的平衡。这就要看主帅的场上指挥调度水平与队员的领悟应变能力。《孙子兵法》主张“趋利”与“避害”两相虑、一体权，在“趋”与“避”的平衡中求“中正”，反对不计其害一味求利、不计成本盲目逐利，也反对只“趋利”不“容害”。《军争篇》指出：“故军争为利，军争为危。举军而争利，则不及；委军而争利，则辎重捐。是故卷甲而趋，日夜不处，倍道兼行，百里而争利，则擒三将军，劲者先，疲者后，其法十一而至；五十里而争利，则蹶上将军，其法半至；三十里而争利，则三分之二至。是故军无辎重则亡，无粮食则亡，无委积则亡。”为此，《九地篇》强调：“智者之虑，必杂于利害。”

（二）中和

《中庸》曰：“喜怒哀乐之未发，谓之中，发而皆中节谓之和；中也者，天下之大本也，和也者，天下之达道也。致中和，天地位焉，万物育焉。”在这里，中和是一种儒家哲学。《荀子·王制》曰：“公平者职之衡也，中和者听之绳也。”杨倞注：“中和谓宽猛得中也。”在这里，中和是一种方法论。而作为以儒家哲学为灵魂的审美形态，中和要求在日常伦理中表现出以忠孝友悌为内容的君子人格。后世儒者把中和之美等同于温柔敦厚。

《孙子兵法》的中和之美，是一种不猛不宽、不烈不柔的温性之美，主要体现在战略层面。在战略博弈方式、战略对决形态上，中和之策表现为三个层次，也就是《谋攻篇》讲到的“伐谋”“伐交”“伐兵”。

第一层次，“伐谋”。就是通过强有力的战略威慑，挫败敌方的战略意图，让其主动放弃战略诉求，取消作战行动企图与计划，被迫服从我方的战略意志，满足我方的战略诉求。《虚实篇》曰：“敌虽众，可使无斗。”1948年10月，我解放军攻克东北重镇锦州后，国民党营垒人心动荡，军心涣散。蒋介石急于挽救连连受挫的被动局面，想出了一个毒计，准备偷袭中共中央驻地西柏坡，企图摧毁共产党的最高统帅机关。为此，蒋介石还亲自飞到北平督战。当时西柏坡只留有一个警卫连的兵力。石家庄虽已解放，但无部队驻守，实际是一座空城。敌人兵力已集结保定，而保定距石家庄也不过150公里，10万机械化装备的蒋军如果突进石家庄，西柏坡就危在旦夕了。面对十万火急的情势，毛泽东从容地拿起笔，于10月15日、26日、30日亲自撰写了3篇新华社电稿：《蒋傅匪军妄图突击石家庄，我军严阵以待，决予歼敌》《华北各首长号召保石沿线人民准备迎击匪军进扰》《评蒋军傅匪军梦想偷袭石家庄》在全国播发。毛泽东一方面发表3篇电讯迷惑敌人，一方面急调主力部队救险。蒋介石听到电台播发的消息后大吃一惊：自己的如意算盘竟被毛泽东轻易看穿，再偷袭已失去了意义。正犹豫间，迅速赶回的我先头部队已与敌接上了火。国民党损失官兵3700余人，汽车90余辆，还有一大批作战物资被我军缴获。得到情报，再思量新华社的3篇电讯，“剿总”司令傅作义也怕凶多吉少，只好急急忙忙撤军。偷袭计划就这样流产了。蒋介石还很庆幸地惊呼：差点又上了毛泽东“诱敌深入，聚而歼之”的当！

第二层次，“伐交”。一方面，就是通过外交手段，破坏敌方的联盟，让敌对国失去挑战我方的实力与资本。另一方面，就是通过外交上的运筹博弈、讨价还价，实现利益交换、双方共赢，消除敌意、和平共处，甚至变敌为友、为我所用。《九地篇》曰：“夫吴人与越人相恶也，当其同舟而济，遇风，其相救也，如左右手。”战国后期，六国都面临着被强秦吞并的危险，本应同舟共济、联合抗秦，但有些国家并没有看到这一点，仍在相互争斗和残杀，而这正是秦国所期望和追求的。纵横家苏秦敏锐地看清了秦国的野心及六国面临的灭顶之灾，并勇敢地担当起合纵六国的重任。然而，秦国早就看破了这一点，充分利用六国各打各的“小算盘”的弱点，有针对性地实施连横之策，六国“合纵”联盟不长时间即被瓦解，秦国轻轻松松地实施了各个击破的战略，一举创建了中国历史上大一统的封建帝国。

第三层次，有分寸、有限度的“伐兵”。就是在“伐谋”“伐交”成效不显，或为了配合“伐谋”“伐交”行动，或强化“伐谋”“伐交”效果，进行目标有限、强度有限、成本有限的“伐兵”。《九地篇》强调：“夫霸、王之兵，伐大国，则其众不得聚；威加于敌，则其交不得合。”像解放战争时期的攻打天津之战，战役的最高企图不是夺取天津城，而是为了尽快实现北平的“不战而屈人之兵”。还有上面举例讲到的毛泽东以“伐交”为主要手段，破解石家庄之险的诸多措施，也包括坚决有效的“伐兵”行动。

（三）中心

《孙子兵法》内容丰盈，包罗万象，洋洋洒洒十三篇，松而不散，活而不乱；从战略到战术、从战法到技法的阐述，即便前后有交叉、有重叠，仍给人一种收放自如、浑然一体之感。人们不禁要问，这其中的奥妙在哪里？答案既深刻又简单：就在于其中心突出，即紧紧围绕一条中心线来研兵论战，着眼解决一个中心问题来传“经”、送“策”。这一中心，不是“谋”，不是“力”，不是“能”，也不是“胜”，而是“利”。这种价值取向，揭示了战争的本质属性，也奠定了孙子战争学说的基石。任力《孙子战争理论的利益取向》一文中就点破了这一点：“在战争观上，以获取利益作为战争的终极目的；在战争决策上，以能否获取利益作为基本前提；在战争和作战指导上，以谋求利益最大化作为最高原则。”

“趋利”是动力。孙武明确把谋取利益作为战争的根本动力和最终目标，《计篇》旗帜鲜明地提出“兵者，国之大事，死生之地，存亡之道，不可不察也”；《地形篇》旗帜鲜明地提出“唯人是保，而利合于主”的用兵基点；《军争篇》旗帜鲜明地提出“兵……以利动”的用兵原则；《火攻篇》旗帜鲜明地提出“非利不动”“合于利而动，不合于利而止”的用兵底线；《作战篇》旗帜鲜明地提出“故不尽知用兵之害者，则不能尽知用兵之利也”的用兵定律。《军争篇》把“争利”作为军争的核心，集中篇幅所讲的就是如何“争利”。所有这些都在告诉人们，世上固然有不经战争的利益所得，却没有不讲利益的战争行为。战争因利益而生，战争为利益而忙，战争因圆利而终，战争因巨利而名。

“知利”是前提。“利”，有时是显而易见的“显利”，有时是藏而不露的“隐利”，有时则是鱼龙混杂的“虚利”“假利”，有时还是得不偿失的“小利”。因此，要争好利、用好利，就要熟知利。《九变篇》强调：“故将通于九变之地利者，知用兵矣；将不通于九变之利者，虽知地形，不能得地之利矣；治兵不知九变之术，虽知五利，不能得人之用矣。”从中可以看出，这种“知利”，不能停留于一般性地知道与了解“利”的客观存在，而是要通晓深谙“利”的机变运用。

“量利”是标准。《孙子兵法》把“利”的多少作为衡量作战质量、战争成败的根本标准，算投入、算成本、算损失、算所得。一个是求“全利”，《谋攻篇》要求“必以全争于天下，故兵不顿而利可全”。这种万全之策，就包括“不战而屈人之兵”的全胜之策。另一个是求“大利”，就是以易胜、速胜，降低成本和代价，谋取利益的最大化。主张“用兵先胜而后求战”，强调“避实而击虚”“以迂为直”“求之于势”“因粮于敌”“卒善而养之”；倡导“兵贵胜，不贵久”，认为“故兵闻拙速，未睹巧之久也。夫兵久而国利者，未之有也”。再一个是求长利，就是兼顾眼前与长远，兼顾军事利益与政治利益、经济利益，追求综合效益、恒久利益。《火攻篇》指出：“夫战胜攻取，而不能修其功者，凶，命曰费留。”还一个是患转利。《军争篇》指出：“军争之难者，以迂为直，以患为利。”把不利的因素变成有利的因素，就因其难，才弥足珍贵，才算得上高层次的谋利，所得之利也才是含金量最高的“利”。

“因利”是睿变。《孙子兵法》崇“变”，认为“变”是战略运筹的灵魂，是作战指导中永恒不变的一个原则。历来各种兵法都讲“变”，如“因敌而变”“因地而变”“因时而变”“因势而变”，这些都是很重要的“变”，而最核心、最关键的“变”，也是最智慧的“变”，是《孙子兵法》提出的“因利而变”。《计篇》指出：“计利以听，乃为之势，以佐其外。势者，因利而制权也。”意在提醒将帅们，要根据对我是否有利而灵活实施权变，在“变”中创造有利于我而不利于敌的作战态势。美国等一些西方国家的对外政策，对盟友长期以来基本上是不变，对其他一些国家则是说变就变。这种“不变”与“变”都是因利而变，是其“没有永远的朋友，只有永远的利益”这种价值观的具体体现。这与孙武的“利益观”是高度一致的，难说没有受到《孙子兵法》的影响。

“施利”是手段。趋利是人的本性，是战场上作战双方的共同追求。趋利往往会演变成贪利，这也是人性的缺陷。《孙子兵法》在突出谋利这个中心的同时，把施利作为一种制敌的有效手段。一方面，分利于人。就是主动把部分利益让给对手或相关诸侯国，以一定利益的“舍”换取更大利益的“得”。“伐交”，往往就包含着利益的交换。另一方面，假利于敌。《计篇》把“利而诱之”列入“诡道十二法”；《势篇》把利作为“动敌”的手段，指出：“故善动敌者，形之，敌必从之；予之，敌必取之。以利动之，以卒待之。”《虚实篇》又进一步强调：“能使敌人自至者，利之也。”《九变篇》要求“趋诸侯者以利”。说到底，就是用假利这根没有什么肉的骨头，引着敌人像饿狗一样随我跑来跑去。

（四）中枢

指挥中枢，是现代战争的产物，是因战争规模的日益扩大、组织指挥的日趋复杂而构设的决策指挥机构。然而，在2500多年前孙武就着眼于战争的发展趋势，以及对决策指挥提出的崭新要求，在作战指挥上勾画了现代作战指挥中枢的雏形，构成了战争指挥的核心。这种指挥中枢，由君王、将帅及谋臣组成。

《孙子兵法》倡导的指挥中枢，其职能与运转，分为两个阶段：一是庙算决策阶段，二是指挥实施阶段。庙算决策阶段，由君王主导，“经五事”，“校七计”，“厉于廊庙之上，以诛其事”。指挥实施阶段，实行君王领导（授权）下的将帅负责制。这个阶段，对君王来说，“将能而君不御”；对将帅来说，“君命有所不受”。孙武眼中的这种指挥中枢，分工明确、责任明确、关系明确，流程简捷、运转顺畅，有利于主观能动作用的发挥，有益于决策指挥水平与效率的提高，有助于“唯人是保，而利合于主”愿望与要求的实现。这种指挥中枢，极具前瞻性地揭示并顺应了作战指挥发展的规律，意义重大，影响深远，既彰显了孙武的远见与智慧，又彰显了“中”的军事功能与美学价值。

十 “象”之美

《易传》是一部十分重要的哲学著作，也是一部十分重要的美学著作，在中国美学史上占据极为重要的地位。特别是它突出了“象”这个范畴，并且提出了“立象以尽意”和“观物取象”这两个命题，从而构成了中国古代美学思想发展的重要环节。

如何理解“象”这个范畴?《系辞传》说：“《易》者象也，象也者像也。”唐代经学家孔颖达在《周易正义》中解释说：“《易》卦者，写万物之形象，故《易》者象也。象也者像也，谓卦为万物象者，法像万物，犹若乾卦之象法像于天地也。”又说：“凡《易》者，象也，以物象而明人事，若《诗》之比喻也。”就是说，整个《易经》都是“象”，都是以形象来表明义理。同时可以看出，《系辞传》里所说的“象”，尽管不能与审美形象画等号，但它与审美形象联系在了一起，富有美学的意味。叶朗《中国美学史大纲》认为，《易》象“不仅是一个哲学范畴，而且在一定程度上已经是一个美学范畴”。

孙武涉猎广泛，知识渊博。他精通《易》理，长于以《易》演兵，许多兵学思想都可以从《周易》中找到源头。比如，春秋时期作为反映哲学问题的“五行”说，就显现于《孙子兵法》之中。《虚实篇》曰：“故五行无常胜，四时无常位；日有短长，月有死生。”又如，《孙子兵法》的“奇正相生”源于阴阳互变。宋人郑友贤在《十家注孙子遗说并序》中指出：“儒家者流，惟苦《易》之为书，其道深远而不可穷；学兵之士，尝患武之为说，微妙而不可究，则亦儒者之《易》乎！盖《易》之为言也，兼三才，备万物，以阴阳不测为神。是以仁者见之谓之仁，智者见之谓之智，百姓日用而不知。武之为法也，包四种，笼百家，以奇正相生为变。是以谋者见之谓之谋，巧者见之谓之巧，三军由之而莫能知之。”清代思想家魏源则认为，儒家的重要经典《周易》亦是“言兵之书”，兵家经典《孙子兵法》亦是“言道之书”。他在《孙子集注序》中说：“《易》其言兵之书乎！‘元之为言也，知进而不知退，知存而不知亡，知得而不知丧’，所以动而有悔也，吾于斯见兵之情。”“《孙武》其言道之书乎？‘百战百胜，非善之善者也；不战而屈人之兵，善之善者也。故善用兵者，无智名，无勇功’，吾于斯见兵之精。故夫经之《易》也、子之《老》也、兵家之《孙》也，其道皆冒万有，其心皆照宇宙，其术皆合天人，综常变者也。”由此可以看出，《孙子兵法》与《周易》有着不可割舍的内在联系。

通览《孙子兵法》也可以感受到，孙武受《周易》的影响既深刻又广泛。其中，《易》象的审美思想就深入渗透并生动地体现到《孙子兵法》之中。我们不妨以《易传》“立象以尽意”和“观物取象”这两个命题为“题”，来领略一下《孙子兵法》的“象”之美。

（一）关于“立象以尽意”

“立象以尽意”是《易传》对应着“言不尽意”，而提出的一个重要命题。《系辞传》中有一段话：“子曰：书不尽言，言不尽意。然则，圣人之意，其不可见乎？子曰：圣人立象以尽意，设卦以尽情伪，系辞焉以尽其言，变而通之以尽利，鼓之舞之以尽神。”在《系辞传》看来，使用概念、判断、推理的语言，在表达思想感情方面具有一定的局限性，而借助于形象，可以充分表达圣人的意念。也就是说，概念不能表达或表达不清楚、不充分的，形象可以表达或表达得更清楚、更充分。

这让人想起北宋神宗时期郑侠所绘的那幅《流民图》，这幅画的影响和意义，丝毫不亚于北宋最著名的一幅画——张择端的《清明上河图》。宋神宗时期，王安石以“天变不足畏，祖宗不足法，人言不足恤”的“三不足”气魄推行变法，导致民怨沸腾，朝堂内外、全国上下反变法的呼声一浪高过一浪。王安石变法的对错、功过，历史自有公论和评说。变法本来就是一场深刻的利益调整，拥护也好，反对也罢，都在情理之中。然而，变法偏偏遇上罕见的大旱，加之落实过程中众多官吏的借机盘剥，造成大量平民百姓流离失所，并且“中户以下大抵乏食”，那种信誓旦旦的“富国强兵”“民不加赋而国用饶”的变法初衷，竟然变成了“民不聊生”。神宗耳畔每日充斥着大臣们声泪俱下不顾性命的劝阻力谏，然而有志向、有血性的年轻皇帝，被王安石掷地有声、极富煽动性的变法誓言所激发出的好胜与自负，让他对王安石的信任、对变法的支持并没有动摇。不过，当他看到监门小吏郑侠所绘的《流民图》时，态度发生了逆转。

郑侠本受恩于王安石，一开始也对变法寄予厚望、给予支持，但每日看到那些进出城门的流民衣衫破烂、悲苦茫然、呜咽哭泣的惨状，让这位有政治抱负、忧患意识很强的小吏确信，这样变法不行！于是，他屡次向王安石谏言，力劝放弃变法，王安石哪里肯听。思来想去，郑侠决意将自己的所见所闻画下来，让远离黎民的皇帝亲眼看一看实情。“百闻不如一见”，他相信，朴实真切的画面胜过大臣们的千言万语。果然，一幅《流民图》使朝廷内外炸开了锅，看到这幅图的人无不掉泪，两宫太后也哭着咒骂：“安石乱天下！”神宗心里翻江倒海，他坐不住了……变法不得不惨淡收场，沉寂金陵的王安石只能以“可惜风流总闲却”自解抑或自嘲。

就这样，一幅《流民图》成了击倒变法派的最后一根稻草，郑侠这个小门头也成了改变历史方向的大人物。这幅《流民图》，也让我们真正认识到了什么是所谓的“立象以尽意”！

孙武可谓“立象以尽意”的理论高手，《孙子兵法》可谓“立象以尽意”的兵法典范。“兵圣”孙武的非凡之处就在于，他始终以独特的视角审视战争，用哲学的方法研究战争，对战争问题、战争规律具有非同寻常的认识与把握，提出的一系列兵学理论富有鲜明的创造性。为了更贴切、更充分地阐释自己的主张，为了让人们更准确、更深刻地理解自己的主张，更自觉、更有效地推行自己的主张，孙武在他的兵书《孙子兵法》中大量而充分地运用了“立象以尽意”的手法。读来，让人既明晰要义，又回味无穷。

为“形”立“象”。孙武认为，“形”即军事实力，是取得战争胜利的前提和先决条件。他提出的“以镒称铢”实力绝对优势的主张，深刻揭示了实力制胜这一战争的基本要求和普遍规律。那么，这种具有决定性意义的优势力量如何形成，又如何部署呢？在孙武看来，仅靠“言”(概念)恐怕是难以表述清楚的。因此，他为这种“形”画了一个“象”，也就是《形篇》结语所言：“胜者之战民也，若决积水于千仞之溪者，形也。”这里，“形”的核心点是“积”。所谓“积”，可作两方面的理解：一方面是平时的积累，就是说绝对优势的力量像积水一样，是平时一点一滴积累而成的，没有平时的“积”，到战时就不会有“决”之势；另一方面是兵力的集中，就是把强大的力量集中部署到有决定意义的域位上，然后发动攻击。实际上，这两个方面都是不可或缺的，前者是内在基础，后者是外在条件，只有“积”之量足，“积”之位妙，“若决积水于千仞之溪者”，才能所向披靡，一往无前，攻无不克，战无不胜。寥寥数言勾勒出的“形”之“象”，既脉络清晰，又透彻入骨，同时也给人留下充分想象的空间。

为“势”立“象”。力量体现于“形”而蓄发于“势”。换言之，“力能”的发挥与增大效果如何，取决于“势能”的积聚与释放。“势”是孙武战略思想的一个重要范畴，《孙子兵法》对“势”做了集中阐述。围绕理解和把握这个抽象的“势”，孙武在《势篇》中为人们生动地刻画了它的“象”。“激水之疾，至于漂石者，势也；鸷鸟之疾，至于毁折者，节也。是故善战者，其势险，其节短。势如彍弩，节如发机。”这里，孙武用迅猛的流水能将沉重的石头漂走来解释“势”，用拉满的弓弩来说明险峻的态势，并以“节”来烘托“势”。“任势者，其战人也，如转木石。木石之性，安则静，危则动，方则止，圆则行。故善战人之势，如转圆石于千仞之山者，势也。”这里，孙武从切剖木石之性入手，用转动万丈高山上的木头和巨石，来说明将帅如何创造和利用有利的态势，指挥部队同敌人作战。如此这般为“势”立“象”，可以说既有形象、生动之妙，又有贴切、到位之明。

为“避实击虚”立“象”。“虚”与“实”是战争活动中相互对立、相互转化的一对矛盾。把握与运用好“虚”“实”关系，是战争指导的突出魅力所在。孙武在《虚实篇》提出了“致人而不致于人”“形人而我无形”“以十攻其一”“避实而击虚”“因敌制胜”等一系列“操控虚实”的重要思想和原则。那么，怎样才能理解和利用好这对复杂而又微妙的矛盾关系呢？其中，孙武借用日常生活中司空见惯、不可或缺的“水”，对“避实击虚”这一用兵思想做了这般精彩而形象的描述：“夫兵形象水，水之形，避高而趋下；兵之形，避实而击虚。水因地而制流，兵因敌而制胜。故兵无常势，水无常形；能因敌变化而取胜者，谓之神。”

为“军争”立“象”。孙武在《军争篇》中提出了战场上如何趋利避害，争取先机之利，掌握战争主动权的一系列作战指导原则，提出了“其疾如风，其徐如林，侵掠如火，不动如山，难知如阴，动如雷震”的六句话军争“总要求”。六句话，六幅象，军争所要达到的境界多维生动地展现眼前，让人了然于胸。日本战国时代的著名武将田信玄非常崇拜《孙子兵法》，以《孙子兵法》为座右铭。他把《孙子兵法》中“其疾如风，其徐如林，侵掠如火，不动如山”四句话写在军旗上，竖于军门。田信玄非常看重这几句话，并以此为“口号”和“标语”来激励和凝聚部队，这与彰显其中的“象”之美不无关系。

为“协同配合”立“象”。深入敌境作战，情况复杂，危机重重，为此孙武特别强调部队要团结和协同，要与诸侯国协作，“同舟而济”，“齐勇若一”，灵敏高效应对各种复杂局面，确保战争的最后胜利。对这种要求极高的协同作战，孙武以“常山蛇”“左右手”为“标本”，为人们清晰地画了一幅活脱脱的“象”。《九地篇》说：“故善用兵者，譬如率然；率然者，常山之蛇也。击其首则尾至，击其尾则首至，击其中则首尾俱至。敢问：‘兵可使如率然乎？’曰：‘可。’夫吴人与越人相恶也，当其同舟而济，遇风，其相救也，如左右手。”

（二）关于“观物取象”

《易传》中有这样两段话：“古者包牺氏之王天下也，仰则观象于天，俯则观法于地，观鸟兽之文与地之宜，近取诸身，远取诸物，于是始作八卦，以通神明之德，以类万物之情。”“圣人有以见天下之赜，而拟诸其形容，象其物宜，是故谓之象。”这两段话反映的“观物取象”思想说明，《易》象来源于“圣人”对自然现象和生活现象的观察；《易》象的产生，既是一个谓之“观”的认识过程，更是一个谓之“取”的提炼、创造过程；“观”，是多角度、多长度、多对象的复合之“观”，是“宏观”与“微观”相结合的精深之“观”。

张怀瓘《书断》说：“善学者乃学之于造化，异类而求之。”也就是说，能够超越各种个体事物具象，而感悟出不同事物最深处的一致。比如，宝剑之舞动如同画笔之挥动，张旭在河南邺县观看公孙大娘舞剑而书法大获长进，吴道子观看裴旻舞剑而画技大获长进。孙武对战争规律的认识，对作战方法的创新，对治军带兵原则的探索，从源头渠道、方式方法上来讲，带有明显的多样性、复合性特点。从《易》象提出的“观物取象”这个命题的思想内涵来看，“观物取象”应是善于把握《易传》精髓的孙武，从中醒思悟道、融会贯通，巧妙转移嫁接，借以研究战争、提炼兵法的重要方法和特别路径。

“观”中悟“变”。“变”是中国古代哲学特别强调的一个范畴，也是战略运筹的灵魂。《孙子兵法》崇“变”，认为“奇正之变，不可胜穷也”，“能因敌变化而取胜者，谓之神”，“践墨随敌，以决战事”。孙武对“变”的领悟与把握，应该说是有源头的，那就是《周易》；而真正融会贯通、升华于兵学的一步，还是靠他的“观功”。这一点，在《孙子兵法》中可以充分地感受到。比如，《势篇》曰：“故善出奇者，无穷如天地，不竭如江河。终而复始，日月是也；死而复生，四时是也。声不过五，五声之变，不可胜听也；色不过五，五色之变，不可胜观也；味不过五，五味之变，不可胜尝也。战势不过奇正，奇正之变，不可胜穷也。奇正相生，如循环之无端，孰能穷之？”从中可以看出，孙武通过“观”天地、“观”日月、“观”声色味的变化，深刻领悟出“奇正之变”的规律。又如，《虚实篇》曰：“故兵无常势，水无常形；能因敌变化而取胜者，谓之神。故五行无常胜，四时无常位；日有短长，月有死生。”从中可以看出，孙武通过“观”金、木、水、火、土五行相生相克，“观”春、夏、秋、冬四季交替变化，“观”日月短长、圆缺，深刻感悟到“因敌变化而取胜”的“神奇”。

“观”中得“法”。《孙子兵法》重“知”，认为“知彼知己者，百战不殆”，“不知彼，不知己，每战必殆”。那么，战场上如何“知彼”？《行军篇》提出了“相敌”三十二法：“众树动者，来也；众草多障者，疑也；鸟起者，伏也；兽骇者，覆也……”很显然，孙武总结的“相敌”之法，来源于长期对自然环境、鸟兽习性、人员心理、人车行动特征及其相互作用等情况的观察、梳理、总结与提炼。

“观”中晰“治”。“率然”是古代传说中的一种蛇。《神异经·西荒经》有曰：“西方山中有蛇，头尾差大，有色五彩。人、物触之者，中头则尾至，中尾则头至，中腰则头尾并至，名曰率然。”孙武从这种反应灵敏、通体协调的“率然”蛇身上受到启发，要求带出一支像“率然”那样的军队。为此，孙武在《九地篇》提出了“齐勇若一”“携手若使一人”的治军目标及强化政治和管理的治军主张。

“观”中明“道”。《火攻篇》对火攻的种类、条件、实施的方法以及发火后的应变措施等，进行了系统阐述。然而，从整篇的分量与构成来看，该篇的重心并不在火攻本身，而在于孙武“观”火后引发的对将帅“心火”的忧虑与警惕，在于对“安国全军之道”的高度关注。因此，在系统阐发火攻问题后，话锋似乎不合逻辑地突然一转：“主不可以怒而兴师，将不可以愠而致战；合于利而动，不合于利而止。怒可以复喜，愠可以复悦；亡国不可以复存，死者不可以复生。故明君慎之，良将警之，此安国全军之道也。”他提醒将帅，战场上固然要重视火力这种自然力量，善于用火攻、防火攻，而更应该看到另一种“火”的杀伤力，也就是内心之火滋生与失控的危害，培养冷静、理智的心理素质，有效地控制和平息“心火”，以确保始终慎重决策，睿智指挥，实现国家利益、军队利益的最大化。“观火取道”，这或许是孙武“观物取象”的最大收获。

十一 “境”之美

“境”，作为美学用语，在魏晋南北朝时就出现了。嵇康著名的《声无哀乐论》中，就有“应美之口，绝于甘境”之说。然而，“境”真正成为美学范畴，则起于唐代。皎然《诗式》说：“夫诗人之始发，取境偏高，则一首举体便高；取境偏逸，则一首举便逸。”这是在论“境”。“大漠孤烟直，长河落日圆”（王维），这是在写“境”。有人说，唐诗写得好，并且越写越好，主要得益于“境”的挖掘与创造，在于突出了“境”的魅力。叶朗《中国美学史大纲》认为：“《三百篇》时期人们的审美对象主要还是‘象’，到了《楚辞》以后，特别是魏晋南北朝以后，人们的审美对象就逐渐由‘象’转为‘境’了。这是中国古代审美意识的重大转变，从而也是中国文学史、艺术史上的重大转变。”

美学上，“境”与“景”“象”是紧密相连，又有区别的。三者都属于形象层，“景”更重于实，具有鲜明的原发性；“象”偏于虚，带有一定的想象性；“境”则指一个范围内的独自的世界。刘禹锡《董氏武陵集纪》说：“境生于象外。”这说明“境”超越了“象”，也就是司空图《诗品》所说的“象外之象”“景外之景”。张法《中国美学史》认为：“‘景’，强调诸物的联系组合；‘象’，重在组合整体的虚灵性；‘境’，强调这种组合构成一个独立的整体世界。”“在景、象、境三词中，‘境’的含义最宽，界线最明，‘境’必然是指艺术之‘境’，而不是现实之‘景’，艺术之‘境’中必然有自己的‘景’和‘象’。”也就是说，这种“境”是虚实结合、趋向无限，能够把握“道”

的“境”，而不是孤立的“景”、孤立的“象”。

王昌龄在《诗格》中把“境”分为“物境”“情境”“意境”三类。他说：“诗有三境：一曰物境。欲为山水诗，则张泉石云峰之境，极丽极秀者，神之于心，处身于境，视境乎于心，莹然掌中，然后用思，了然境象，故得形似。二曰情境。娱乐愁怨，皆张于意而处于身，然后用思，深得其情。三曰意境。亦张之于意而思之于心，则得其真也。”

《孙子兵法》中有“景”、有“象”，更有“境”。我们不妨循着王昌龄的“三境”分类，去探一探《孙子兵法》的“美境”。

（一）物境之妙美

“蓝水远从千涧落，玉山高并两峰寒。”（杜甫）“明月出天山，苍茫云海间。长风几万里，吹度玉门关。”（李白）这是大诗人笔下的物境，是绝妙的“诗境”。《孙子兵法》是揭示战争规律、阐述战争思想、诠释用兵要则与方法的兵书，但它触及的自然现象与山水景色，也创造出一种富于美感的物境。

《势篇》说：“故善出奇者，无穷如天地，不竭如江河。终而复始，日月是也；死而复生，四时是也。声不过五,五声之变，不可胜听也；色不过五,五色之变，不可胜观也；味不过五,五味之变，不可胜尝也。战势不过奇正，奇正之变，不可胜穷也。奇正相生，如循环之无端，孰能穷之？”在这里，孙武围绕“奇正”的阐释，构建了一个以“无穷”做底色，以“万变”为旋律，天旷地袤、江河滔滔，斗转星移、日月辉映，生生不息、缤彩纷呈的世界。身临其境，眼阔心远，活激灵生，不可能不对奇正之变、奇正相生的真谛有特别的感应与感悟。

《行军篇》说：“凡军好高而恶下，贵阳而贱阴，养生而处实。”意思是说，大凡驻军，宜选择干燥的高地而不宜选择潮湿的洼地，宜选择向阳之地而避开背阴之处，选择宜于部队生存、物资供给富足的地带。这里，孙武用“好高”“贵阳”“养生”“处实”四个美妙的词，为军队的驻扎勾画了一个安逸、祥和、富足、养生的理想之境，大有陶渊明笔下“桃花源”的韵味。其境之下，似乎感觉不到驻兵备战的紧张气息，反倒有为安享晚年的老人们精心选择养老之地的敬老之情。从一定程度上讲，这正是孙武战争观、审美观的一种自然流淌。

《九地篇》说：“是故始如处女，敌人开户，后如脱兔，敌不及拒。”这里，孙武借用柔静的淑女和灵动的脱兔这两个性情截然不同的对象，营造了一种酷似火山从“静而不发”到“一发而不可收”的胜境。那种大动大静的落差，那种未知何时动发的悬念，那种瞬间骤至的爆发性，把人们带入了一种从含蓄到豪放、从飘逸到雄浑、从妩媚到锋锐的动境。这也彰显了孙武的审美高度。

（二）情境之醇美

孙武是一个有家国情怀的军事理论家，这种情怀渗透于他的兵法之中，呈现出情长境深的“境”之美。

《计篇》说：“兵者，国之大事，死生之地，存亡之道，不可不察也。”《孙子兵法》开宗明义，一上来就为人们认识战争、研究战争、对待战争构建了一种大境：战争是国家的大事，关系着军民的死生，关系着国家的存亡，万万含糊轻率不得。似乎还嫌味道不够，又在《火攻篇》用更恳切的语言，来烘托、强化这种大境：“主不可以怒而兴师，将不可以愠而致战；合于利而动，不合于利而止。怒可以复喜，愠可以复悦；亡国不可以复存，死者不可以复生。故明君慎之，良将警之，此安国全军之道也。”置身这种情真意切的情境之中，怎么可能对战争问题“不慎”“不察”呢?

《谋攻篇》说：“故上兵伐谋，其次伐交，其次伐兵，其下攻城。攻城之法为不得已。修橹轒辒，具器械，三月而后成；距闉，又三月而后已。将不胜其忿，而蚁附之，杀士三分之一，而城不拔者，此攻之灾也。”孙武为了阐明“上兵伐谋，其次伐交”“不战而屈人之兵”的主张与理由，勾画了一种攻城而带来的“灾境”，特别是用“将忿”“蚁附”“杀士三分之一”这样的“危言”描述攻城之灾，在强烈的反向度衬托之下，“伐谋”“伐交”的“美境”不言而出。

《九地篇》说：“吾士无余财，非恶货也；无余命，非恶寿也。令发之日，士卒坐者涕沾襟，偃卧者涕交颐。投之无所往者，诸、刿之勇也。”意思是说，我军士卒没有多余的钱财，这并不是因为他们厌恶财物；我军士卒没有第二条生命，这也不是因为他们厌恶长寿。当作战命令颁布之日，坐着的士卒泪沾衣襟，躺着的士卒泪流面颊。但把他们投置到无路可走的绝境，他们就会像专诸、曹刿一样勇敢。这也就有了“投之亡地然后存，陷之死地然后生”的用兵之道。为此，孙武为深入敌境作战的军队勾画了一种“然后能为胜败”的绝境：“帅与之期，如登高而去其梯；帅与之深入诸侯之地，而发其机，焚舟破釜。”就是说，将领向部队布置作战任务，要像让他们登高然后抽掉梯子一样，使部队有进无退；将领率领部队深入诸侯国土，如同击发弩机射出的箭一样一往无前，烧掉舟船，打碎饭锅，以显示死战的决心。这种绝境，说到底也是一种生境，它彰显出一种“无”中有“有”、“死”中生“生”的辩证美。

《九地篇》说：“是故政举之日，夷关折符，无通其使；厉于廊庙之上，以诛其事。”意思是说，在决定战争行动的时候，要封锁关口，废除通行凭证，不允许敌国使者往来；要在庙堂里反复谋划，做出决策。孙武通过一系列特殊举措和庄重举动而构建的这种谋划决策战争的情境，凸显了对待战争这一“国之大事”的慎重之情、严肃之情、缜密之情，委实让人为之动容。

《用间篇》说：“凡兴师十万，出征千里，百姓之费，公家之奉，日费千金。内外骚动，怠于道路，不得操事者，七十万家，相守数年，以争一日之胜，而爵禄百金，不知敌之情者，不仁之至也，非人之将也，非主之佐也，非胜之主也。”在这里，孙武借助若干个“象”的描述，构建了一个“重金用间”、势在必行的“境”，情之深、意之切，盈乎其中，张乎其外。

（三）意境之幽美

唐人的意境理论要求，用文字写出的东西要使人感觉不到文字，也就是司空图所说的“不着一字，尽得风流”；“思”既在境中而又见不到“思”，即所谓“非关理也”；超越文字，拒绝理路，生出更丰富的含义，也就是司空图所讲的“韵外之致”“味外之旨”。

《孙子兵法》字简文约，意境是存储其丰厚思想内涵的特殊“容器”，也是滋养其美的特有“湿地”。

《势篇》说：“微乎微乎，至于无形，神乎神乎，至于无声，故能为敌之司命。”意思是说，微妙啊，微妙到使敌人看不出一点形迹；神奇啊，神奇到使敌人听不见一点声息，这样便能成为敌人命运的主宰者。这种“无形”“无声”的意境，用“微乎微乎”“神乎神乎”这样的玄妙用语来描述，看不到具象的“字”，觉不出有形的“思”，但蕴含着丰富的“意”，即所谓“韵外之致”“味外之旨”，给人留下神思妙悟的充裕空间。

《九地篇》说：“夫吴人与越人相恶也，当其同舟而济，遇风，其相救也，如左右手。”在这里，孙武做了一种假设或讲了一个虚构的故事，就是说互相仇视的吴国人和越国人，当他们同船渡河遇上大风时，像左右手一样相互救援。在这种意境之下，人们真切感受到的是“互利”“共赢”的“合交”之“意”，还有“没有永远的敌人，只有永远的利益”这一“意”外之“意”。

《九地篇》说：“能愚士卒之耳目，使之无知。易其事，革其谋，使人无识；易其居，迂其途，使人不得虑。”又说：“犯之以事，勿告其言；犯之以利，勿告其害。”在这里，孙武似乎炮制了一种“愚”“蒙”士卒的“恶境”，让人一时难以理解和接受。但就其意来讲，并不是要愚弄、蒙骗士卒，他是针对士卒成分复杂、认识问题能力低下、意志勇气有限的实际，而提出的一种调动士卒、管控部队、保守秘密的策略。对这种“意”，孙武通过意境的巧妙塑造，“不着一字”，得以尽抒。

十二 “明”之美

“明”的价值，源于先民对自然光的崇拜。《广韵·庚韵》就说：“明，光也。”不过，随着社会的发展变迁，“明”的更高价值渐渐体现到了“善”与“美”上。

“崇明”是周初兴起的一种很重要的思想观念。这种远远脱离自然意义上的“明”，涵括了智慧的光芒、道德的彰显与美感意味的呈现，体现了既理性主义又感性主义的价值追求，在《易传》所构建的整个思想价值体系中，占据不容忽视的重要地位。《周易》言“明”，见于《离卦》。《说卦传》释离卦卦象为日、为火、为电，卦德为“明”。《彖》《象》二传进而对“离明”的意蕴反复挖掘，发挥创造出“明善”与“明美”两个方面。

所谓“明善”，徐复观在《中国人性论史》中说：“明善的具体内容是‘博学之，审问之，慎思之，明辨之，笃行之’，这是把知识的追求及人格的建立，融合在一起的整个人生的努力。”所谓“明美”，张锡坤等在《周易经传美学通论》中说：“‘明美’兼含德行智识的人格美，与工艺器物色文生动的形式美。色文之‘鲜明’与‘生动’，理论化、符号形象化于《易传》，并对后世诗文美术产生了深久的影响。”从中可以看出，尽管周初兴起的“崇明”观念包含了“明善”与“明美”两个方面，但这两个方面在内涵上是各有侧重又有重叠的；并且，无论是“明”中之“善”，还是“明”中之“美”，本身都是美学的范畴或命题，二者存在于一个层级更高的大范畴之中，是内在美与外在美的两种表现形式。那么，从这两个向度上来看，“崇明”从很大程度上来讲就是“崇美”。

《孙子兵法》虽没有明言“崇明”，但也“重明”“倡明”“求明”，多处“涉明”“谋明”“留明”。

（一）“慎”之“明”

慎生明，草生患。慎思，才能有深究、有彻悟，才能明事理、识时务，才能明白做人、明智做事。这也是《中国人性论史》把“慎思”作为“明善”的具体内容之一的原因所在。“慎战”是孙子兵学理论的逻辑起点，《孙子兵法》虽然只用了一个“慎”字，但“慎”的思想要义贯穿了它的通篇。

慎启战。《孙子兵法》认为，战争不是游戏，更不是“烽火戏诸侯”的儿戏，也不是君王、将帅的私家之事，而是关系军民死生、国家存亡的“国之大事”。告诫人们，必须用极其严肃和谨慎的态度研究战争，真正把握战争的要义与利害；强调“三思而后战”，主张“非利不动，非得不用，非危不战”，呼吁“主不可以怒而兴师，将不可以愠而致战”；提出“百战百胜，非善之善者也”，倡导以“伐谋”“伐交”等“非战”的手段维护和实现国家的利益。也就是说，能避免战争的，就尽量不启动战端；能用和平或“温和”手段解决问题的，就尽量不动用极端暴力手段。

慎城战。《孙子兵法》认为，“攻城”代价巨大，后果严重。《谋攻篇》指出：“修橹轒辒，具器械，三月而后成；距闉，又三月而后已。将不胜其忿，而蚁附之，杀士三分之一，而城不拔者，此攻之灾也。”提出，“攻城之法为不得已”，“拔人之城而非攻也”，要求慎之又慎地选择，尽最大可能地避免“攻城”这种代价巨大、“出力不讨好”的战争方式。

慎久战。《孙子兵法》认为，战争久拖不决，后患无穷。《作战篇》指出：“久则钝兵挫锐，攻城则力屈，久暴师则国用不足。夫钝兵挫锐，屈力殚货，则诸侯乘其弊而起，虽有智者，不能善其后矣。故兵闻拙速，未睹巧之久也。夫兵久而国利者，未之有也。”“兵贵胜，不贵久。”主张速战速决，不宜旷日持久；同时，对敌人有意造成的持久战要高度警惕，尽量避免形成长久对峙的态势和局面。

慎用将。《孙子兵法》重“将”，分别把“将”列为“五事”“七计”之一，《作战篇》指出：“故知兵之将，生民之‘司命’，国家安危之主也。”《谋攻篇》强调：“夫将者，国之辅也。辅周则国必强，辅隙则国必弱。”在选将用帅上，《孙子兵法》既要求用人不疑，主张“将能而君不御”，又阐明了以“忠诚、服从、担当”为前提的任用思想。《计篇》提出：“将听吾计，用之必胜，留之；将不听吾计，用之必败，去之。”《地形篇》要求为将者，“进不求名，退不避罪，唯人是保，而利合于主”。这说明，孙武在选将用帅上既注重“能”，又强调“忠”，做到才德兼有；既大胆放手，又谨慎小心，做到放收有度。从历史上看，这种审慎用人的态度，对君王的命运和江山社稷来讲是至关重要的。曹操父子拼命积攒下来的“家业”，转眼间被司马懿父子夺去，可谓用人不慎上最大的悲剧、最惨痛的教训。

慎诸侯。《孙子兵法》既鼓励运用“伐交”的手段实现“不战而屈人之兵”的目的，又强调“豫交”“合交”，主张“衢地交合”，提倡一定条件下的“同舟而济”。但在对待诸侯国上，也表现出一种强烈的防范心理，持有一种非常谨慎的态度。《作战篇》指出：“夫钝兵挫锐，屈力殚货，则诸侯乘其弊而起，虽有智者，不能善其后矣。”《谋攻篇》告诫：“三军既惑且疑，则诸侯之难至矣，是谓乱军引胜。”《军争篇》强调：“不知诸侯之谋者，不能豫交。”

（二）“察”之“明”

《玉篇·明部》曰：“明，察也。”又曰：“明，审也。”很显然，有“察”、有“审”才有“明”。《孙子兵法》六次讲到“察”这个字，与“察”相关的内容多处出现，并且开宗明义，强调对战争“不可不察”。孙武为什么看重这个“察”字？当然与“明”有关，这里的“察”只是战争决策、战争谋划，以及作战指挥前的动作、行为或说过程，“明”才是目的，才是战争决策、战争谋划、作战指挥所需要的结论。人们经常嘲笑那些盲目的领导者、决策者、指挥者“情况不明，决心大”，就是因为这些当权者的决策活动，缺少或弱化了“察”这个至关重要的环节。

那么,《孙子兵法》关于“察”的思想主要体现在哪些方面?

其一，彰显了“察”的价值功能。孙武重“察”,《孙子兵法》用极其肯定的语言与语气，强调了“察”的极端重要性、不可或缺性。整部兵书，共用了五个“不可不察”、一个“必谨察之”，可见对“察”的态度。特别是开篇站在关系军民生死、国家存亡、“国之大事”的高度，强烈要求君王、将帅深入“察战”，不可盲目言兵、轻率论战。

其二，提供了“察”的“思维模本”。“察”说起来容易，做起来颇难。要“察”得准、“察”得深，还需要科学的思维来指导、做支撑。在这方面，孙武为人们提供了辩证思维的一个“模本”。在将帅修养上,《计篇》提出了“智、信、仁、勇、严”的“五德”标准；而在《九变篇》，又提出了戒“五危”的要求，指出:“故将有五危：必死，可杀也；必生，可虏也；忿速，可侮也；廉洁，可辱也；爱民，可烦也。凡此五者，将之过也，用兵之灾也。覆军杀将，必以五危，不可不察也。”这“五危”，有些内容看起来是错误的，是与《孙子兵法》倡导的“将德”相背离的。特别是“廉洁”“爱民”等，这应是将帅的优秀品德所在。但在孙武看来,“必死”者易中敌人之计被杀；“必生”者易当俘虏；“忿速”者会失去理智；过于“廉洁”者会遭到侮辱；“爱民”无节者会被敌人烦扰。孙武之所以提出对这“五危”“不可不察”，一方面在于其后果严重，也就是可能因此而“覆军杀将”，需要引起高度警惕；另一方面则在于，这其中的“度”把握起来有不小的难度，需要下功夫“察”“审”。可以说,《孙子兵法》对“五危”的认识与提示，不仅让人看到了“五危”的危害所在，而且为人们看问题、“察”事情提供了一种辩证思维指导。

其三，指点了“察”的方法路径。孙武在《虚实篇》中指出:“故策之而知得失之计，作之而知动静之理，形之而知死生之地，角之而知有余不足之处。”这里讲的“策”“作”“形”“角”，指的就是“察敌”的四种方法。与此同时，在该篇又提出了对抗敌“察”的方法，那就是伪装、佯动，指出:“故形兵之极，至于无形；无形，则深间不能窥，智者不能谋。”这种“察敌”与“防察”的结合，实质上体现的是“致人而不致于人”的思想，带来的则是我

“明”而敌“暗”、彼消而此长的综合效益。故而该篇指出：“故形人而我无形，则我专而敌分。我专为一，敌分为十，是以十攻其一也，则我众而敌寡。能以众击寡者，则吾之所与战者，约矣。”

其四，提示了“察”的重点内容。从大处看，《孙子兵法》突出强调“三察”，即“察利”，看一看是否有利可图；“察得”，看一看是否有取胜的把握；“察危”，看一看是否有开战的必要。这就是《火攻篇》所言：“非利不动，非得不用，非危不战。”具体上讲，《孙子兵法》也突出强调“三察”：“地之道”“败之道”，以及战略进攻中的应变处置、攻守进退的利弊得失、士卒的心理状态。围绕“地之道”，《地形篇》指出：“地形有通者，有挂者，有支者，有隘者，有险者，有远者。”“凡此六者，地之道也；将之至任，不可不察也。”围绕“败之道”，该篇指出：“故兵有走者，有弛者，有陷者，有崩者，有乱者，有北者。”“凡此六者，败之道也，将之至任，不可不察也。”围绕战略进攻的要求，《九地篇》指出：“九地之变，屈伸之利，人情之理，不可不察。”

（三）“辨”之“明”

能够辨清是非曲直、辨识真假美丑、辨别异同性征、辨析趋势方向，才算得上“明”。战争是充满不确定的领域，《孙子兵法》主张的“兵者，诡道”“形兵无极”、虚实之用、“屈、役、趋诸侯”之策等等，让“战争的迷雾”覆盖全维、全域、全程，并愈加浓厚。这就要求战争决策者、指挥者必须有一双透过复杂现象看本质的慧眼，善于辨真假，辨虚实，辨利害，辨得失，辨轻重，辨急缓，辨敌友，算计人而不被人所算计。《孙子兵法》以“辨”求“明”，重点体现在四个方面。

“辨”虚实。《虚实篇》指出：“夫兵形象水，水之形，避高而趋下；兵之形，避实而击虚。”这是《孙子兵法》非常重要的一个思想。正如唐太宗李世民所言：“朕观诸兵书无出孙武，孙武十三篇无出‘虚实’。夫用兵识虚实之势，则无不胜焉。”那么，究竟“实”在哪里、“虚”在何处呢？怎样才能准确地“识虚实之势”？这不是一件轻而易举的事情。毕竟战争是一种对抗行为，有矛必然就有盾。既然有“避实而击虚”之说，就会有“隐实藏虚”之策。况且，许多情况下，“虚”与“实”并不是简单的兵力寡众。所以，是“虚”是“实”，也不是一眼就能看穿识破、了然于胸的，它需要一个有动作、有智慧、有思维的“辨”的过程。当然，这里面也离不开“察”这个重要环节。

“辨”行踪。如果说“辨”虚实侧重于宏观识敌的话，那么“辨”行踪则侧重于具体“相敌”。孙武在《行军篇》提出的“相敌”三十二法，旨在周密实施战场侦察的基础上，通过由表及里、去伪存真的分析推理，对敌人的真实情况和意图做出正确的判断。这三十二法，是“相敌”的基本方法，来源于对敌一般心理规律、一般行动规律的总结和掌握，生动体现了一个“辨”字；同时还要看到，要不被对方的假象所迷惑，或不拘泥于传统经验、一般做法，透过现象看本质，还需要深度的“辨”。

“辨”利害。对战争中的利害关系，《孙子兵法》多有阐述。《作战篇》说：“故不尽知用兵之害者，则不能尽知用兵之利也。”《军争篇》提出“军争为利，军争为危”的利害观。《九变篇》强调：“是故智者之虑，必杂于利害。杂于利，而务可信也；杂于害，而患可解也。”在孙武看来，把握好利害关系、趋利避害是战争中争取主动、力避被动、转危为安的重大问题。然而，战争中的“利”与“害”往往带有很大的隐蔽性、欺骗性，没有一定的“辨功”是要“受害”于人的。比如，战场上作战双方都在争取与利用的这个“利”，可能是“大利”，也可能是“微利”，还可能是“假利”，因为孙武倡导“利而诱之”“以利动之，以卒待之”“趋诸侯者以利”，可期的“利”说不定就是个温柔的大陷阱。不思“辨”、不能“辨”、不善“辨”，就做不到“大利”奋争、“微利”慎争、“假利”勿争。

“辨”取舍。《形篇》说：“故善战者，能为不可胜，不能使敌之可胜。故曰：胜可知而不可为。”《虚实篇》又说：“以吾度之，越人之兵虽多，亦奚益于胜败哉？故曰：胜可为也。”一个是讲，胜利不可强求；一个是讲，胜利可以争取。这说明，在战争中积极作为，努力争取好的结果与结局，也应有所为，有所不为，不能脱离实际或不顾全局予以强求。《九变篇》提出：“涂有所不由，军有所不击，城有所不攻，地有所不争，君命有所不受。”要求将帅机宜行事，灵活选择运动路线、作战对象、攻击目标，不刻板执行君命。这里面揭示的是同一个道理，也是有所为，有所不为。那么，怎样合理确定哪些可为、哪些不可为呢？这就需要将帅结合实际来“辨”，把握好一个“度”，正确取舍，不能弄巧成拙；更不能把“灵活”变成“任性”，把“君命有所不受”变成君命“可受，可不受”。还有，上面讲到的“利害”问题，孙武强调要趋利避害，实际上战争中“利”与“害”是相伴相生的，有“利”就有“害”，在许多情形下，“趋利”是无法“避害”的。这就需要在辨识“利害”、冲抵“利害”、权衡“利害”的基础上，根据“利害”的大小、得失的多少，来选择、取舍行动计划方案。正所谓：“两利相权从其重，两害相权从其轻。”这也是孙武“杂于利害”思想的应有之义。

（四）“通”之“明”

《广雅·释诂上》曰：“明，通也。”义指明了、通晓。精通则明，似是而非不行，一知半解也不行。“通”，有广度、深度两个向度上的要求。从广度上讲，“通”，就是要博学、博识、博智；从深度上讲，“通”，就是要深学、深思，把握本质、掌握规律。《孙子兵法》对将帅素质修养在“通”方面的要求，同样体现在这两个向度上。

在“通”的广度上，《孙子兵法》要求将帅知道、知法，知天、知地，知水、知火，知兵、知间，知诸侯、知敌将，知历史、知文化，等等。比如，在“知天”上，要求知“阴阳、寒暑、时制”。在“知地”上，要求知“远近、险易、广狭、死生”。在“知兵”上，认为“知兵之将，生民之‘司命’，国家安危之主也”，要求“知吾卒之可以击”与“知吾卒之不可以击”，懂得士卒心理变化的规律。在“知诸侯”上，强调要知“诸侯之谋”。在知敌将上，要求把握敌人的习性、脾气、喜厌，提出“屈诸侯者以害，役诸侯者以业，趋诸侯者以利”的对策。

在“通”的深度上，《孙子兵法》要求将帅认清战争的本质要义，把握战争的制胜机理，通晓战争的指导原则、基本战法，深谙“谋攻之道”“先胜之道”“诡诈之道”“奇正之道”“虚实之道”“军争之道”“攻守之道”“为客之道”“火攻之道”“用间之道”“治军之道”，努力做一个“善用兵者”。

（五）“君”之“明”

君王是战争的决策者，有的还是直接的指挥者，他们是否开明、精明、智明，直接关系到战争的结果与结局，攸关军民的生死、国家的存亡。因此，《孙子兵法》对君王之“明”提出了明确的要求，乃至严厉警告，要求君王要做“明君”，不做“患于军者”。《谋攻篇》列举了“不明之君”的三大危害：“不知军之不可以进而谓之进，不知军之不可以退而谓之退，是谓縻军；不知三军之事，而同三军之政者，则军士惑矣；不知三军之权而同三军之任，则军士疑矣。三军既惑且疑，则诸侯之难至矣，是谓乱军引胜。”《火攻篇》告诫：“主不可以怒而兴师，将不可以愠而致战；合于利而动，不合于利而止。怒可以复喜，愠可以复悦；亡国不可以复存，死者不可以复生。故明君慎之，良将警之，此安国全军之道也。”《用间篇》指出：“故明君贤将，所以动而胜人，成功出于众者，先知也。”又强调：“故惟明君贤将能以上智为间者，必成大功。此兵之要，三军之所恃而动也。”

当年，《孙子兵法》成书后，孙武之所以携十三篇兵书离齐奔吴，就在于吴王阖闾是一代明君，他相信在吴国可以找到“知音”，推行他的军事学说，实现他的人生追求与兵学抱负。后来，他被吴王授以将军之职，协助吴王经国治军，“西破强楚，北威齐晋”，既验证了《孙子兵法》的价值，也为孙武充分施展他的政治智慧、军事才华提供了难得的机会，同时又见证了吴王“将能而君不御”的“明君”风采。这段经历，对孙武进一步坚信和完善他的兵学理论，确立《孙子兵法》的“兵学圣典”地位，具有不可或缺的实践意义。

十三 “势”之美

在中国古典文化中，“势”最初被广泛应用于哲学、政治、军事、经济领域，而作为一个成熟与壮大、影响力凸显的范畴，还是在进入艺术领域之后。卫恒的《四体书势》、刘勰的《文心雕龙》、顾恺之的《论画》等，都在“势”之美的探索上花费了工夫、展现了功力。从这种意义上讲，“势”这个范畴更具有美学意味。

《孙子兵法》不仅重“势”、通篇涉“势”，而且在“势”范畴向艺术领域进发、拓展的过程中，以其独特的魅力、固有的征服力，起到了十分重要的助推作用。东晋著名画家顾恺之就在《论画》中说：“《孙武》：大荀首也，骨趣甚奇。二婕以怜美之体，有惊剧之则。着以临见妙裁，寻其置陈布势，是达画之变也。”顾恺之的观点是，作画就像是将兵一样，如果能够像军事家孙武那样，在战争中临阵布势，胸有成竹，意在笔先，挥洒自如地来调动画面中的物象和景物，并使其和谐统一，自然生动，丰富多彩，这样才能领悟到变化多端的章法的美妙。《孙子兵法》不仅有“质”即内涵上的“势”之美，还在“文”即文气上形成强大的“势场”，张扬出它的形体美。对后者，下面还要专题解读，这里仅就前者做一赏析。

（一）度势中的理性美

对“势”在战争中的价值与地位，《势篇》做了定位：“故善战者，求之于势，不责于人，故能择人而任势。任势者，其战人也，如转木石。”不过，任势是建立在度势基础之上的，没有对“势”的理性客观认识与判断，就不可能正确地驾驭“势”、利用“势”，甚至被“势”所驭、所役，成为“势”的奴隶和受害者。为此，《孙子兵法》特别强调度势，要求因势而定用兵之事。《火攻篇》提出的“非利不动，非得不用，非危不战”的用兵原则，实际上就是度势用兵的三项硬性标准；提出的“主不可以怒而兴师，将不可以愠而致战”的用兵思想，就是要求理智度势，绝对不可感情用事。在如何度势上，尤其强调综合度势，就是如《计篇》所说的经“五事”、校“七计”，从政治、经济、军事、民意、自然条件等多个方面，综合进行分析判断，相对全面、客观地预测胜与不胜、战与不战的大势。度势的这种理性之美，尤为耀眼夺目。

（二）形势中的雄壮美

“形”，即指军事实力。力量体现于“形”而蓄发于“势”，因而有“形”才会有“势”。《说文解字》对“势”的解释是“盛力权”，很显然“势”以“力”做支撑。现实中，“势”与“力”也是紧密相连的，故有“势力”之说。三国时期，诸葛亮主政下的蜀国反复主动伐魏，可谓始者“气势如虹”，但每次都是因“形”不足无功而返，“势”也可怜地变成了“虚张声势”；而诸葛亮身后的蜀国最终被对手吃掉，一代大智者积攒下来的所谓“势”，则可悲地变成了难以回转的“颓势”“死势”。当然，这也与诸葛亮度势不够有关，或是他的治国策略使然。要知道，当初诸葛亮纵论“三分天下”，对大势的把握无出其右，是何等自信，何等神奇，何等风流！

《孙子兵法》的“势观”，是以“形”做根底、以实力为后盾的，形势是主体之“势”。《形篇》提出了“胜兵若以镒称铢，败兵若以铢称镒”的主张，强调以绝对的实力优势来争取战争的胜利。这种实力优势，不仅取决于军队的规模、将帅的能力、部队的训练水平与管理质量，还取决于国家的战争潜力和综合实力。为此，《形篇》还提出了“地生度，度生量，量生数，数生称，称生胜”的思想。该篇提出的“胜兵先胜而后求战，败兵先战而后求胜”的“先胜”思想，《九变篇》提出的“无恃其不来，恃吾有以待也；无恃其不攻，恃吾有所不可攻也”的备战思想，也是建立在“以镒称铢”这种实力优势思想基础之上的。

然而，在孙武看来仅有力量上的优势是不够的，还必须把优势的力量部署在有利于发挥作用、能够最大限度地放大自身能量的最佳时空，并选择最佳的运行方式或最有利于运行的最佳布势，这才是真正意义上的形势。《势篇》说：“故善战人之势，如转圆石于千仞之山者，势也。”如果说“圆石”是“形”的话，那么“千仞之山”则是能够成倍激发“形”之能量的最佳部署位置，“转”（而不是“搬”）则是发挥“圆石”这类“形”之能量的最佳运行方式。《九地篇》强调：“故为兵之事，在于顺详敌之意，并敌一向，千里杀将，此谓巧能成事者也。”这里，孙武主张把主要力量或拳头部队，部署在对战局起决定作用的关键方向，实施集中有重点的布势，并在隐蔽、突然、迅猛等要素的综合作用下，在局部迅速形成一种强大的形势。此“势”之下，部队必定所向披靡，横扫敌阵，呈现出泰山压顶般的飞泻之美、酣畅之美、雄壮之美。恰如《汉书·艺文志》所言：“形势者，雷动风举，后发而先至，离合背向，变化无常，以轻疾制敌者也。”这标志着孙武对形势的认识与把握达到了一个非常之高的境界。

（三）积势中的满弓美

观看纪录片《动物世界》你会发现，虎豹等猛兽们在扑食时，并不是见到猎物就不顾一切地扑过去，而是悄无声息、异常耐心地与猎物周旋，在小心进逼、精心蓄势之中等待最佳“发机”节点。这种势，包括位势，即与猎物的最佳关系位置；也包括体势，像短跑运动员准备起跑那样，把自己的身姿、脚步调整到最有利于冲击的姿势；还包括气势，即把自己的情绪调整到最高的兴奋点，把呼吸调整到最佳节奏。一旦确认蓄势到位、时机成熟，猛兽们就会在瞬间产生一种势不可挡的爆发力、冲击力，如满弓中的矢、离弓中的箭，向心仪已久的猎物猛扑过去。猛兽们常常凭借着这种积势的功夫，捕捉到与自己速度不相上下，甚至块头比自己大很多的猎物，让人在同情弱者的同时，更钦佩猛兽的智慧，更欣赏它们的蓄势待发、满弓待射之美。

“势”不足，则“力”不威。“势”只有在蓄积盈足的情况下，才会如同火山爆发，释放出巨大的能量。《孙子兵法》十分注重积势，《形篇》说：“胜者之战民也，若决积水于千仞之溪者，形也。”千仞之上积水，既是积形，更是积势。《军争篇》提出：“以近待远，以佚待劳，以饱待饥，此治力者也。”这种“治力”，对己方来讲，是积力，也是积势；对敌方来说，是耗力，也是消势。一积一耗，此长彼消，己方则是成倍相积。《九地篇》说：“是故始如处女，敌人开户，后如脱兔，敌不及拒。”这里讲的“始如处女”，就是一种不动声色的积势，等敌人麻痹“开户”、己方把“势”攒足后，便像脱兔一样飞也似的冲向敌方的死穴，打敌个措手不及。这种积势之招，与猛兽扑食猎物如出一辙。

“势”有虚、实之分，二者都是不可或缺之“势”。《孙子兵法》既重视积“实势”，即力势，也重视积“虚势”，即气势。《军争篇》说：“故三军可夺气，将军可夺心。是故朝气锐，昼气惰，暮气归。故善用兵者，避其锐气，击其惰归，此治气者也。”

（四）变势中的流动美

《孙子兵法》中的“势”范畴，是一个流动的范畴，具有不确定性和可转化性。《势篇》曰：“凡战者，以正合，以奇胜。故善出奇者，无穷如天地，不竭如江河，终而复始，日月是也；死而复生，四时是也。声不过五，五声之变，不可胜听也；色不过五，五色之变，不可胜观也；味不过五，五味之变，不可胜尝也。战势不过奇正，奇正之变，不可胜穷也。奇正相生，如循环之无端，孰能穷之？”这段精彩的阐述，把“势”的流动之美淋漓尽致地勾画了出来。

敌我双方是一个对立统一体，变势，最重要的是因敌而变。《虚实篇》说：“故兵无常势，水无常形；能因敌变化而取胜者，谓之神。”抗美援朝战争中，美军针对我军防空能力差、后期保障能力弱的问题，对我军后勤保障线采取了“绞杀战略”，致使志愿军大量人员被冻死，伤病不能救治，武器弹药无法及时补充，战斗力受到极大削弱，战局上一时陷入被动状态。针对敌人的战略战术，党中央、毛主席和彭德怀司令员及时调整战略战役布势，变五次战役的大规模进攻为稳扎稳打的战略防守，在相持中频繁采取进攻行动，大量消灭敌人有生力量，力挫敌嚣张气势，不断消耗其战争实力和战略耐心，最终把以美国为首的侵略势力逼到谈判桌上。在自然界，事物的定量决定着事物的性征，而微小变量的介入就可能左右大块头的定量，甚至让定量失能、变质。就像一个人，某个器官的病变，就可能导致整个身体功能的蜕变，甚至带来死亡的恶果。同理，战场上与敌方一定的力量对比之下，变势往往是化劣势为优势、变被动为主动的唯一选择。

变势，对敌我双方是相对而言的，我不变而动敌之变，同样是一种因敌而变，并且是一种主动性、智慧性至高的变势。对此，《势篇》有言："故善动敌者，形之，敌必从之；予之，敌必取之。以利动之，以卒待之。"关于动敌的办法，孙武为人们提供了许多，《虚实篇》中"敌佚能劳之，饱能饥之，安能动之""形人而我无形，则我专而敌分。我专为一，敌分为十"等用兵之策，都是让敌变势的良策。

变势，最精彩的当数造势。一个"造"字，就可能意味着无数个奇势、妙势、绝势的横空出世，在战争舞台上呈现出精妙绝伦、美不胜收的圣景神观。孙武就是这么一个高超的造势设计师，他设计的"破釜沉舟之势"是多么奇特、多么不可思议！让后来的楚霸王项羽用得是何等潇洒、何等风流！可以说，仅此一例即把孙武的造势之美推向了极致。我们还是再看一看《九地篇》是怎么释解的："投之亡地然后存，陷之死地然后生。夫众陷于害，然后能为胜败。"可见，奇势、妙势、绝势之中，智慧是一种美，而超人的胆量则是一种大美。当然，《孙子兵法》涉及造势的方面还有很多，比如造虚势，给人以假象，"能而示之不能，用而示之不用，近而示之远，远而示之近"，等等。

（五）借势中的自然美

会借势者势强，能借势者力增，善借势者事成。当年，曹操"挟天子以令诸侯"，借的是天子之势、朝廷之势；刘备能够出头成事，借的是"三足鼎立"之势；周瑜赤壁大败曹操，借的是火势、风势和诸葛亮激发的气势。《孙子兵法》借势的思想，可以从"激水之疾，至于漂石者，势也"的阐述中找到答案，那就是善借自然之势。水的比重比石头小许多，却能靠形成的冲击力把石头漂起来，可见水势之威是何等了得，可见自然之势有多么大的借用价值，可见自然之势是多么壮美激越。

自然之中蕴藏着天然的势能，智慧非凡的孙武对此有特别的洞察与感悟。《势篇》说：“任势者，其战人也，如转木石。木石之性，安则静，危则动，方则止，圆则行。故善战人之势，如转圆石于千仞之山者，势也。”可以这样说，自然之势是《孙子兵法》“势”论的本源，是其借势的重点开掘之处。因此，《孙子兵法》对自然之势不惜浓墨重彩，在《行军篇》《地形篇》《九地篇》《火攻篇》中关于借地势、火势、水势、风势，都有精彩描写。《行军篇》提出了“处山”“处水”“处泽”“处陆”等不同地形条件下相应的“处军”之法，强调“凡军好高而恶下，贵阳而贱阴，养生而处实。军无百疾，是谓必胜”。《地形篇》认为：“夫地形者，兵之助也。料敌制胜，计险厄远近，上将之道也。知此而用战者必胜，不知此而用战者必败。”同时，阐明了六种地形的利弊，提出了相应的战术原则，认为“凡此六者，地之道也；将之至任，不可不察也”。《九地篇》阐述了九种地形条件带来的影响，提出了应对、利用之策，要求“九地之变，屈伸之利，人情之理，不可不察”。《火攻篇》则强调“以火佐攻者明，以水佐攻者强”；要求火借风势，把握好“风起之日”，等待最佳发火时机，并遵循“火发上风，无攻下风”的原则。这些思想、原则与方法，让自然之势在战场上得到了充分的挖掘与发挥，既显威力又彰魅力，孙武称得上后世军事自然学的开山之祖。

（六）顺势中的明哲美

现实生活中有这样的情形，许多人中年“老成”，四十几岁头上就布满了银丝，不仅影响了形象，而且在心理上产生了某些微妙变化。为此，绝大多数人都选择了不间断地染发，以求乌发再现、返“老”还“青”，也让自己再次成为芸芸众生中的“正常人”。但也有那么一类“奇人”，一不做二不休，干脆将仅存的黑发漂染成烟灰色。让人不可思议的是，经这么一漂染，味道一下子就出来了，气质一下子就上来了，那种个性的张扬、另类的彰显，凸展出一种奇异之美、时尚之美，也流露出一种幽深、一种雍容、一种不凡，实在是妙不可言。与普通人不同的是，这类人虽是逆向思维，却是顺势而为，奇特之中透着睿智。这虽是生活中的小小顺势之妙，但也揭示了一种不俗的待势之道。

“势”，反映了特定条件下事物发展的必然性，不可抗拒，不可违背，否则就会受到惩罚，甚至带来难以挽回的严重后果。古人讲，识时务者为俊杰。这个“识时务”，从很大程度上讲就是顺势而为，在强势面前懂得谦卑，懂得避让，懂得放弃，懂得卧薪尝胆，不做鸡蛋碰石头的傻事。其实，顺势有时既是无奈之下的被动之举，也是乘势而为的主动之策，还是等待时势转换的以迂为直之智。《兵经》就说：“大凡逆之愈坚者，不如顺以导瑕。敌欲进，羸柔示弱以致之进；敌欲退，解散开生以纵之退；敌倚强，远锋固守以观其骄；敌仗威，虚恭图实以俟其惰。致而掩之，纵而擒之，骄而乘之，惰而收之。”

顺势是务实之举、明哲之举，《孙子兵法》倡导顺势而为，不强求，不冒进，不偏执。《谋攻篇》说：“故用兵之法，实则围之，五则攻之，倍则分之；敌则能战之，少则能逃之，不若则能避之。故小敌之坚，大敌之擒也。”《形篇》也说：“不可胜者，守也；可胜者，攻也。守则不足，攻则有余。”不过，更精彩的当是《孙子兵法》对顺势思想的逆向运用，其最著名的“不战而屈人之兵”的战略思想，就是通过武力威慑、“伐谋”“伐交”，逼迫对手顺势而为，弃战求和。

十四 “气”之美

“气”，可感而不可见，是客观存在，也可谓虚无缥缈。“气”，既是根本的，是宇宙之“气”，也是具体的，化为事物之“气”，因而“气”是现象与本质、具体与整体的统一。“气”作为中国古典美学体系中一个十分重要的范畴，最早由老子提出，经过一个长期的孕育发展过程，到魏晋南北朝时期形成了比较成熟的“气”的美学理论。老子把“气”看作是与“道”紧密相连的范畴，认为“道”包含着“气”。《管子》四篇发展了老子的学说，认为“道”就是“气”，“气”是宇宙万物的根源和本体。《管子·业内》曰：“凡物之精，此则为生，下生五谷，上为列星。流于天地之间，谓之鬼神；藏于胸中，谓之圣人。是故此气，杲乎如登于天，杳乎如入于渊，淖乎如在于海，卒乎如在于己。是故此气也，不可止以力，而可安以德；不可呼以声，而可迎以意。敬守勿失，是谓成德。德成而智出，万物果得。”春秋末年，晏婴在关于音乐审美的“相成”“相济”论述中，把“气”提到了首位，确立了以“气”为美之本源的思想，所谓：“一气、二体、三类、四物、五声、六律、七音、八风、九歌以相成也，清浊、大小、短长、疾徐、哀乐、刚柔、迟速、高下、出入、周疏以相济也。”

气化流行，衍生万物。人的生命由气构成，气之聚而活，气之散而亡。同理，中国古典美学认为，艺术的生命也是“气”，艺术的创造和欣赏都是“气”的运动。从这种意义上看，审美就不能不审“气”。那么，我们研究和欣赏孙子兵学中的美学，对其“气”之美的“观照”，注定是“走过路过，不要错过”的。

（一）精气

尽管“气”这个范畴最早由老子提出，但到了魏晋南北朝时期，“气”才真正从哲学范畴转化为美学范畴。魏晋南北朝文艺批评和美学理论的大发展，要求有一个美学范畴对文艺和审美问题做出最高的概括。于是，美学家们用“万物的根源和本体”——“气”这个范畴，作为说明各种美学问题的最后的依据。

《孙子兵法》既是一部兵书，也是一部战争艺术之作。从战争和军事的角度，《孙子兵法》被誉为“兵学圣典”，这是一个至高的、形象而明晰的评价。那么，如果我们突出《孙子兵法》的艺术性，从美学的角度该怎样评价它、定位它，抑或为它画像呢？这就需要围绕“气”这个范畴来展开。欣赏《孙子兵法》的“精气”，不妨从叶朗《中国美学史大纲》归纳的“气”的三个内涵入手。

第一，从“气”是概括艺术本源的一个范畴来看。钟嵘《诗品序》说：“气之动物，物之感人，故摇荡性情，形诸舞咏。”这说明，艺术的本源在“气”，艺术作品不仅要反映物象，而且要追根溯源，彰显出它的应有之“气”。说得通俗一些，就是要把“底气”饱满起来、凸显出来，形成有源之水，有本之木。这在《孙子兵法》中体现得非常明显。比如，孙武在《形篇》中说：“善守者，藏于九地之下；善攻者，动于九天之上，故能自保而全胜也。”从这幅全景式的“攻守画”中可以感受到，孙武并不是单个的说攻话守，而是“仰观宇宙之大，俯察品类之盛”（王羲之语），把攻守作战放到一个全幅的天地，表现出一种宇宙感、时空感、历史感、厚重感，字里行间升腾着一种元气。又如，《势篇》曰：“声不过五，五声之变，不可胜听也；色不过五，五色之变，不可胜观也；味不过五，五味之变，不可胜尝也。战势不过奇正，奇正之变，不可胜穷也。”这种对“奇正之变”的艺术性解读，把人带入一个无穷之大的宇宙，让人身临其境般地感受到“精气”的能量与魅力；而反过来，这种淋漓尽致表现“气”的描述，又把对“奇正之变”的解读推到一个至高的境界。

第二，从“气”是概括艺术家的生命力和创造力的一个范畴来看。《管子》四篇认为，人的思想和智慧，都是由“气”产生的，一个人所拥有的“精气”越多，他的生命力就越大；一个人所拥有的“精气”越充沛，他就越聪明，越有智慧。曹丕《典论·论文》说：“文以气为主。气之清浊有体，不可力强而致。”这里的“主”，不是一般的分清主次的“主”，而是指“气”主导着作文吟诗，作者要根据自己的才性、气质来创作，“不可力强而致”。因此，这里的“气”，指的就是艺术家的生命力和创造力。孙武是一位军事家、思想家、哲学家，同时也是一位造诣颇深的艺术家。孙武能够创造性地提出一系列战争指导艺术法则，能够创造性、艺术性地阐释他的战争创新理论，源于他脱俗不凡的智慧，也可以说是他所拥有的无与伦比的“精气”。我们评价孙武的艺术天赋，就自然离不开对他拥有的“精气”的挖掘和欣赏。

透过《孙子兵法》可以看出，孙武不仅具有极高的军事理论素养，而且具有非凡的哲学思维、战略头脑、政治天赋、谋略才华；他不仅通晓天文地理，而且精通历史、文化；不仅是位战绩显赫的军事家，而且在经济、外交、艺术、心理学等诸多方面，具有极深的造诣；他不仅是古代传统兵学理论的集大成者，更是一位敢于和善于标新立异的战争理论开拓者。在他身上集中体现出的复合才学、多重智慧，在兵学界是极为罕见的。这种超强的智慧，极具魅力地向世人展示了他那非同寻常的“精气”之美。

第三，从“气”是概括艺术生命的一个范畴来看。“气”不仅构成世界万物的本体和生命，而且也构成艺术作品的生命。张法《中国美学史》就认为：“从根本上看，气就是道，气就是理，气不离道，道不离气，气就是理，理就是气。”有“道”、有“理”、有“气”的《孙子兵法》，自有历久弥新、熠熠生辉的道理。2500年来，它能够在兵学界独占鳌头、尽显风流，并且深入影响多维多域，被众多国度、众多行业奉为经典，被不同肤色、不同信仰、不同年代的人所喜爱，关键得益于一种超强之“气”：旺盛的“元气”、厚重的“底气”、非凡的“大气”、充盈的“神气”，以及由此综合形成的强大“气场”。可以这样说，《孙子兵法》将因“气”之足，而呈现永久不衰的勃勃生机；将因“气”之美，而保持强大且极富渗透性、扩张性的影响力。

（二）动气

美的本质是气的运动。在中国古典美学体系中，有一个十分重要的命题就是“气韵生动”。它是南朝画家谢赫在《古画品录》的序中，作为绘画“六法”之首提出的，也是对作品的总的要求。它强调以生动的形象，充分表现画物的内在精神，是绘画中的最高境界。“气韵生动”起于对画面的要求，后逐渐发展为对艺术的总的要求。它作为一个重要的美学思想，在中国美学史上的影响是全面而深刻的。需要指出的是，这里所说的“韵”，并不是通常所指的音韵、声韵，也不是指节奏、韵律。这个“韵”，是从属于“气”的，“韵”由“气”生，“气”由“韵”成，“气韵”一体，不可分割。也就是说，在“气韵”这个范畴中，“气”是“韵”的前提性要素。对“韵”的含义，清代王士祯《师友传习录》说：“韵谓风神。”方东树《昭昧詹言》说：“韵者风韵态度也。”他们所表达的，都是从属于“气”的那个“韵”。

鸟在林间穿飞，那是势，也是姿，是气的升腾，是动中之美。“气韵生动”，核心在“气韵”，亮点在于通过生动的形态把其内在的“气韵”充分地表现出来。正如欢阳炯《壁画奇异记》中所言：“有气韵而无形似，则质胜于文；有形似而无气韵，则华而不实。”中国园林建筑等艺术形式中，在“气韵生动”上多有生动体现。如建筑物上挑的“飞檐”，仿佛屋宇振翅欲飞，一窗一扇也是将有限推及无限的画框，所谓“山川俯绣户，日月近雕梁”“窗含西岭千秋雪，门泊东吴万里船”，都表现了一种“气”的运动感。

《孙子兵法》在“气韵生动”上，也有不俗的体现。比如，《谋攻篇》在阐述“其下攻城”的思想时说：“修橹辒辒，具器械，三月而后成；距闉，又三月而后已。将不胜其忿，而蚁附之，杀士三分之一，而城不拔者，此攻之灾也。”仅仅一个‘蚁”字、一个“附”字，即形象生动地描述了攻城作战的艰难与代价，阅后对人的心理形成一种强大的震撼力、强烈的冲击波，让人对攻城这种作战方式产生一种畏怯感、慎重感。又如，对“出奇制胜”这一用兵思想，孙武在《势篇》中也有十分“生动”的阐述，指出：“故善出奇者，无穷如天地，不竭如江河。终而复始，日月是也；死而复生，四时是也。”实可谓“动气”十足。再如，对“战略突袭”思想的把握，孙武在《九地篇》做了形象而深刻的表述，指出：“是故始如处女，敌人开户，后如脱兔，敌不及拒。”用“处女”之“静”来衬托“脱兔”之“动”，更显“动气”的袅袅升腾。如果把孙武阐释其用兵思想的这些文字，变成一部“兵法画解”，那必定是既有“气韵”，又极具动感的佳作。

（三）治气

《荀子·王制》曰：“水火有气而无生，草木有生而无知，禽兽有知而无义。人有气，有生，有知，亦且有义，故最为天下贵也。”同时，《荀子·乐论》曰：“凡奸声感人而逆气应之，逆气成象而乱生焉；正声感人而顺气应之，顺气成象而治生焉。”也就是说，人之“气”受音乐的影响，正声引起“顺气”，即血气平和；奸声引起“逆气”，即血气混乱。这说明，“气”是可调、可治的。

对“气”，孟子提出了著名的“养气说”。他说：“我善养吾浩然之气。”孟子所说的这种“浩然之气”，并不是《管子》四篇中讲的物质性的“精气”，而是一种主观能动力量，是一种无所畏惧、勇往直前的主观心理状态，它在一定条件下能够产生巨大的能量。孟子说：“其为气也，至大至刚，以直养而无害，则塞于天地之间。”所谓“养气”，强调的是人的内心道德修养功夫，也就是人的内在品德的“充实”之美，“养气”需要“配义与道”，长期修养锻炼，才能达到“至大至刚”的境界。这与荀子的思想是相一致的。历史上，孟子的“养气说”在道德修养和美学方面，都产生了很大的影响。比如，韩愈要人们苦读经典以养气，认为成仁义之人后，自然挥洒自如，“言之短长与声之高下者皆宜”（《答李翊书》）。苏辙要求人们行万里路以得天地之气，“气充乎其中，而溢乎其貌，动乎其言，而见乎其文，而不自知也”（《上枢密韩太尉书》）。

战争的主体是人，人的本源和生命是“精气”，那么战争中对抗双方的博弈就少不了“斗气”。公元前684年，齐国进攻鲁国，两国军队战于长勺。鲁庄公一上来就要击鼓出战，被曹刿劝止。齐军第二次击鼓时，鲁庄公又要击鼓出战，又被曹刿劝止。等到齐军击鼓三次，进攻士卒体力衰竭、士气低落时，曹刿说可以反击了。于是，鲁国军队发起反击，一举打败了齐军。事后，鲁庄公问曹刿战胜齐军的奥妙，曹刿说：“夫战，勇气也。一鼓作气，再而衰，三而竭。彼竭而我盈，故克之。”

或许孙武从长勺之战中受到启示，认识到“斗气”“夺气”对赢得作战胜利的特殊意义，在研究把握军心士气变化基本规律和特征的基础上，针对人的生物钟反应，在《军争篇》中提出了“治气”的重要思想。他说：“故三军可夺气，将军可夺心。是故朝气锐，昼气惰，暮气归。故善用兵者，避其锐气，击其惰归，此治气者也。”

孙武在与敌“斗气”、向敌“夺气”的同时，也非常重视“养气”，也就是注重培养、激励己方的军心士气，在《九地篇》强调：“谨养而勿劳，并气积力，运兵计谋，为不可测。”围绕“养气”，他注重将帅的素质品德建设，明确了修“五德”、防“五危”的素质修养体系和标准；要求将帅“施无法之赏，悬无政之令”，提出“得车十乘已上，赏其先得者”的奖励政策；要求将帅“以治待乱，以静待哗”，当好“治心者”；要求将帅关心爱护士卒，提出“视卒如婴儿”的爱兵思想；针对士卒的心理反应，提出“投之亡地然后存，陷之死地然后生”的用兵思想；还着眼保护士卒的士气，审慎提出一些“愚兵”政策，要求“能愚士卒之耳目，使之无知。易其事，革其谋，使人无识；易其居，迂其途，使人不得虑”；等等。

由孙子的“治气”说、孟子的“养气”说、荀子的“乐气”说，联想到20世纪50年代初朝鲜战场上的“斗气”，让人更近距离、更直观地感受到战争中“气”的魅力，领略到《孙子兵法》的“气”之美。在那场实力悬殊的战争中，以劣势装备出场的中国人民志愿军，不可想象地战胜了世界上装备最先进、硬实力最强大的美军领衔的“联合国军”，这其中一个至关重要的原因，就在于我们在“治气”上远超过对手，在“斗气”上压垮了对手，就像毛泽东主席所说的，美国人是“钢多气少”，志愿军是“钢少但气多”。人活一口

“气”，“气”是一种永恒的力量。可以说，无论时代怎么发展、社会怎么进步、科技怎么创新，在人的生存与发展中，“气”的分量只会增加而不会减少，“气”之美只会增彩而不会褪色；而《孙子兵法》的魅力、“气场”，也只会日益旺达而不会有所式微。

十五 “韵”之美

“韵”作为一个独立的美学范畴，在魏晋南北朝时就确立了。“韵”最早指声韵，后来用于书画领域，而到宋代则推广到一切艺术领域。在宋代，“韵”的地位出现了飙升，以至达到“美之极”的程度，把“韵”作为对艺术作品最高的审美要求，即所谓“凡事既尽其美，必有其韵，韵苟不胜，亦亡其美”（宋·范温）。《孙子兵法》作为“美”的一个载体，可以说不乏“韵色”“韵味”“韵声”“韵律”，亦可谓“韵气”十足。

“美学”一词源于希腊语，意思是能够被感官所知觉的各种事物。德国哲学家亚历山大·戈特利布·鲍姆加登说：“美学是一门专业学科领域，它研究关注的内容是觉知与感觉经验。”既然“美”是由感官所觉知的，那么，《孙子兵法》的“韵”之美，也要靠我们的感官去觉知，去领略。

（一）听韵

“韵”的本意指和谐的声音，也指风度、气质、情趣。韵律，引申为音响的节奏规律。《旧唐书·元稹传》曰：“思深语近，韵律调新，属对无差，而风情宛然。”叶圣陶《游了三个湖》中说：“听湖波拍岸，挺单调，可是有韵律。”因此，“韵”，首先是声韵、音韵，这种“韵”流溢的是节奏之美、旋律之美，给人的是听觉上的感应与享受。我们不妨把听觉上觉知的“韵”，称之为“听韵”。“听韵”来自“听声”，“听声”之妙归于“听韵”。张潮《幽梦影》说：“春听鸟声，夏听蝉声，秋听虫声，冬听雪声，白昼听棋声，月下听箫声，山中听松声，水际听欸乃声，方不虚此生耳。”又说：“松下听琴，月下听箫，涧边听瀑布，山中听梵呗，觉耳中别有不同。”

“诗是具有韵律的纯文学。”（朱光潜语）诗特别是古典诗，那抑扬顿挫的音调，鲜明的节奏，前呼后应的谐和韵脚，使诗兴的传递极富“声入心通”的音乐感。晋代陆机《文赋》中“其会意也尚巧，其遣言也尚妍，暨音声之迭代，若五色之相宣”，讲的就是语言音调之美。《孙子兵法》虽不属诗、词、歌、赋等韵文，却有古典诗的格调与韵律，称得上韵化散文，或是一部“韵致深醇”的哲理诗。恰如有人所说：“《孙子兵法》通篇节律匀称，具有诗的情韵美；音声琅琅，具有歌的抑扬感。”

声不过五，五声之变，不可胜听也；
色不过五，五色之变，不可胜观也；
味不过五，五味之变，不可胜尝也。
战势不过奇正，奇正之变，不可胜穷也。

激水之疾，至于漂石者，势也；
鸷鸟之疾，至于毁折者，节也。（《势篇》）

吟诵这两段文字，让人们听到的是一浪接着一浪、浪浪拍击堤岸的和谐涛声，“音乐宇宙在这里得到了诗一样的完美体现”，带给人们的是一种极具感染力、极具征服力的节奏感。

纷纷纭纭，斗乱而不可乱也；
浑浑沌沌，形圆而不可败也。（《势篇》）

微乎微乎，至于无形；
神乎神乎，至于无声。（《虚实篇》）

这两段话，一段阐述的是，面对复杂混乱战场态势应持的态度；一段阐述的是，如何成为敌人命运的主宰者。应该说，二者涉及的都是相当严肃的战争话题。然而，孙武举重若轻，用朦胧诙谐、异常轻松的语气，勾勒出了梦幻般的优美旋律，幽秀之中裹带着清爽，幽邃之中张扬着旷达，让人们“声入心通”，在“韵”的氛围之中，在“韵”的滋润之下，由浅入深地把握战争的精髓要义。

水之形，避高而趋下；
兵之形，避实而击虚。
水因地而制流，
兵因敌而制胜。

五行无常胜，四时无常位；
日有短长，月有死生。（《虚实篇》）

这两段话，读来仿佛让人们听到了高山之侧那奔流不息的瀑布声，听到了四季轮回那节奏分明的脚步声，听到了战场上那指挥战阵行云流水般变幻的击鼓声。这种浓丽的“声韵”，在耳际萦绕回环，久久不肯散去。

（二）观韵

宗白华在《美学散步》中举例说：“六朝山水画家宗炳，对着山水画弹琴，‘欲令众山皆响’，这说明山水画里面有音乐的韵律。明代画家徐渭的《驴背吟诗图》，使人产生一种驴蹄行进的节奏感，似乎听见了驴蹄的嗒嗒声。这是画家微妙的音乐感的传达。其实不单绘画如此。中国建筑、园林、雕塑中都潜伏着音乐感——即所谓‘韵’。”建筑的韵律，要求建筑必须体现出平面、立面和剖面的统一，它有平面的铺陈，有剖面的内部结构，有立面的外部风貌。建筑结构的重复、运动的线，使得各种建筑形象比例均衡、错落有致、和谐统一，产生强烈的美的魅力。有人举例说，万里长城那种依山傍水、逶迤蜿蜒的律动，按一定距离设置烽火台遥相呼应的节奏，表现出矫健雄浑、宏伟壮阔的飞腾之势，富有虎踞龙盘、豪放刚毅的韵律之美。北京的天坛层层叠叠、盘旋向上的节奏，欧洲的哥特式建筑处处尖顶、直刺蓝天的节奏，表现出不断升腾、通达上苍的韵律感。由此可见，韵律是可以借助形式之美，让人“看在眼里，响在心头”的。我们也不妨把视觉上觉知的“韵”，称之为“观韵”。

张潮《幽梦影》就视觉之美说：“楼上看山，城头看雪，灯前看花，舟中看霞，月下看美人，另是一番情景。”而“观韵”，则更为别致。诗词的韵律主要体现在三个方面：一是平仄；二是对偶；三是押韵。这其中，平仄、押韵主要靠听觉去感受，从很大程度上体现的是一种“听韵”；而对偶首先要靠视觉去感受，因而从很大程度上体现的是一种“观韵”。《孙子兵法》的“观韵”，主要就蕴涵于大量运用的对偶句之中。

> 能而示之不能，用而示之不用，近而示之远，远而示之近。利而诱之，乱而取之，实而备之，强而避之，怒而挠之，卑而骄之，佚而劳之，亲而离之。（《计篇》）

这是《孙子兵法》为了表述“诡道十二法”，而运用的对偶句，那种淋漓、那种清旷让人叹为观止。

> 备前则后寡，备后则前寡，备左则右寡，备右则左寡，无所不备，则无所不寡。（《虚实篇》）

这是《孙子兵法》为了阐述“致人而不致于人”、变被动防敌为让敌处处防备自己，而运用的对偶句，缜密之中透着圆浑，透着轻逸。

> 其疾如风，其徐如林，侵掠如火，不动如山，难知如阴，动如雷震。

这是《孙子兵法》为阐明军争的速度、力度、稳度要求，而运用的对偶句，自信之中散发着雄肆、劲健之韵。

涂有所不由，军有所不击，城有所不攻，地有所不争，君命有所不受。

这是《孙子兵法》为告诫将帅学会在战场上机宜行事，而运用的对偶句，彰显出一种纯熟，飘逸着一种轩昂。

这些对偶句，“多管齐下，互相映补，句式匀称，声意和谐”，首先展现给人们的是一种如歌如诗的形式美，这种“一马当先”、流溢在前的“观韵”，抓人眼球，撩人心脾，魅人不倦。

（三）品韵

对于“韵”的含义，前世各有说法，而宋人范温提出了自己的规定：“有余意之谓韵”，即所谓“大声已去，余意复来，悠扬宛转，声外之音”。这种含义的“韵”，与梅尧臣、欧阳修等人的美学思想是高度契合的。欧阳修特别推崇梅尧臣的诗，因为梅诗“以深远闲淡为意”，“有如妖韶女，老自有余态”，“以如食橄榄，真味久愈在”。著名漫画家丰子恺有两句诗：“尝喜小中能见大，还须弦外有余音。”说的也是这种“韵味”。

艺术作品是否“有余意”，主要不是靠听觉、视觉来觉知的，而是靠“心”来觉知的，也可以说是慢慢“品”出来的。当然，这种“品”并非一般意义上的味觉之品。为了便于理解和把握，我们也不妨把这种“心觉”上觉知的“韵”，称之为“品韵”。

《孙子兵法》以区区6000字的篇幅，阐释从战略到战术、从作战到治军、从政略到外交、从思想到技法等一系列战争问题，文字内存空间小与思想承载量大的矛盾十分突出，只能抓住重点，详少略多，甚至点到为止，大量无法充分阐释或难以表达的思想，唯有靠“余意”去填补，让人去研究、去琢磨。从这种意义上讲，《孙子兵法》的“品韵”是非常耐人寻味的。那么，《孙子兵法》的“余意”“余味”突出体现在哪些思想与文字之中呢？让我们细细“品”来。

例一：“兵者，诡道也。故能而示之不能，用而示之不用，近而示之远，远而示之近。利而诱之，乱而取之，实而备之，强而避之，怒而挠之，卑而

骄之，佚而劳之，亲而离之。攻其无备，出其不意。此兵家之胜，不可先传也。”（《计篇》）

在这里，《孙子兵法》既给人们提供了“诡道十二法”，高度概括了其精髓要义，又留给人们“品”不完、越“品”越感醇厚的“余意”。那么，“余意”在哪里？就在“兵家之胜，不可先传”这八个字之中。对此，曹操“品”曰：“兵无常势，水无常形，临敌变化，不可先传也。故料敌在心，察机在目也。”对孙武的诡道法，历史上用之者众多，有人用之则灵，有人用之不灵，甚至反受其害，差别就在“品”的功夫与功力上。

例二：“微乎微乎，至于无形，神乎神乎，至于无声，故能为敌之司命。”（《虚实篇》）

这段话的核心，就是要力争成为敌人命运的主宰者，做到“致人而不致于人”。那么，怎样才能实现这个愿望呢？《孙子兵法》提供给人们的办法就是“隐形”“隐声”，以致“深间不能窥，智者不能谋”；而要“隐”得好，关键要看能不能达到“微乎微乎”“神乎神乎”这一至高的境界。这也正是这段话的“余意”所在。

例三：《孙子兵法》设专篇即《火攻篇》，系统阐述火攻的种类、条件、实施的方法，以及发火后的应变措施等，凸显了孙武对“火”这种自然力的极力崇重，对“火攻”这种作战样式的高度关注。但从整篇来看，讲的是如何实施“火攻”，“余意”是如何消除“心火”；篇幅的重头在“原意”，着意的重头却在“余意”。这个所谓的“余意”，就蕴涵于该篇的“压轴”之段：“非利不动，非得不用，非危不战。主不可以怒而行师，将不可以愠而致战；合于利而动，不合于利而止。怒可以复喜，愠可以复悦；亡国不可以复存，死者不可以复生。故明君慎之，良将警之，此安国全军之道也。”这段文字放到《火攻篇》，无论是从表述逻辑还是从兵学逻辑上讲，都是不太恰当的，如果需要阐明这一重要思想，也应把它放到《谋攻篇》，与君、将的相关内容一并阐述。然而，这恰恰是《孙子兵法》的独到之处。孙武没有被一般逻辑所束缚，而是出人意料地将其放到《火攻篇》，借“火”的“余意”来强化他的思想主张，“品”来实在令人拍案叫绝。

十六 “味”之美

“味”这个美学范畴，是由老子谈“道”的时候“带”出来的。《老子》曰：“道之出口，淡乎其无味，视之不足见，听之不足闻，用之不足既。”老子这里所说的“味”，不是食之“味”，而是听别人说话的味道，是一种审美的享受。这种“味”，已经是一个美学范畴。

语言、文章、艺术品，与众不同、富有灵气和特色，对人最具吸引力、给人带来特别美感的元素，莫过于它们的“味道”。鲁迅的作品有一种辣椒与火药味，杨绛的作品有一种恬淡清新味，汪曾祺的作品有一种生趣通透味，废名的作品有一种天真烂漫味，莫言的作品有一种红高粱酒的醇烈味，陈忠实的作品有一种泥土芳香味，张炜的作品有一种历史沧桑味，王朔的作品有一种玩世不恭味，王安忆的作品有一种茉莉花清香味，知青作家群的作品有一种伤感味……“味”，在很大程度上成为作家们“吸粉”的利器。

有一本书，名叫《民国的腔调》，作者在《自序》中介绍说：“看胡适视频，老先生笑容可掬，如秋月临江般和蔼飒爽，清雅极了好看极了也书生极了……胡适的口音，谈不上字正腔圆，似乎略带沙哑略带疲倦，有着浓郁的中式情调。恰恰是略带沙哑的疲倦感，使得腔调的分量上来了。”又介绍说：“鲁迅讲演也是一绝，刚性挺拔，三言两语击中要害，这是杂文修炼，并不稀奇。1932年11月27日，先生在北京师范大学大操场露天演讲，轰动一时。《世界日报》副刊随后刊登了一篇《看鲁迅讲演记》，说那天鲁迅在学生自治会休息时，围住他的青年纷纷提问，有人说：‘再在我们那儿公讲一次吧，北方青年对您太渴望了！’他的回答是：‘不能了，要走。大家盛意可感得很，我努力用功写文章给诸位看好了，因为口头说并不比文章能生色，看文章大家不要挨挤。’随口几句话，俏皮有之，幽默有之，妥当得很，这是民国人的风度民国人的腔调。听过讲演的学生回忆，鲁迅声调平缓，不脱浙江口音，简练沉着，像长辈为孩子们讲沧海桑田的故事，与先生叱咤风云、锋芒毕露的杂文不一样。”

为什么民国那些大文人、大学者至今还那么受人尊重，那么令人推崇追慕？甚至对某些政治立场“有问题”的人，我们总是“恨不起来”呢？读了《民国的腔调》一书才恍然大悟：原来那是“腔调”的力量。这种“腔调”是什么？说到底就是一种有品位、有气度、有个性、有魅力、有美感的“味”！

《孙子兵法》是兵文，也是美文；有“腔调”，也有“姿容”；孙武在文外系着，也行走在字里行间。对《孙子兵法》也好，对文主孙武也好，读来令人神情凝重，读来令人热血沸腾，读来令人拍案叫绝，读来令人柳暗花明，读来令人舒展愉悦，读来令人掩卷沉思……这就是《孙子兵法》的“味道”，也是孙武的“味道”。

（一）经味

《孙子兵法》思想深博、哲理深邃、阐释深透，可以说，千古永存、影响深广、洗练成经的至理名言比比皆是。比如：“兵者，国之大事，死生之地，存亡之道，不可不察也。”这种对战争本质的揭示、对战争应持态度的阐释，几千年来无人能比。“百战百胜，非善之善者也；不战而屈人之兵，善之善者也。”这种先胜全胜的战略思想，几千年来无人能撼。“兵者，诡道也”“兵以诈立”的诡诈理论，几千年来无人敢轻。“知彼知己者，百战不殆。”这种对知胜规律的认知与提炼，几千年来无人能及。“胜兵先胜而后求战，败兵先战而后求胜”，“战势不过奇正，奇正之变，不可胜穷也”，“水之形，避高而趋下；兵之形，避实而击虚”，“致人而不致于人”，这种对“形”“势”“虚实”“机变”等战争机理的剖析，几千年来无出左右。几千年来，《孙子兵法》的诸多阐释、论断，一直是人们引经据典、津津乐道的“箴言”与“金句”。诚如唐代杜牧所说：“自古以兵著书列于后世、可以教于后生者，凡数十家，且百万言。其孙子所著十三篇，自武死后凡千岁，将兵者有成者、有败者，勘其事迹，皆与武所著书一一相抵当，犹印圈模刻，一不差跌。”（《樊川文集》）打开《孙子兵法》，字里行间弥漫着浓重的“经气”，散发着浓烈的“经味”，给人一种尊由心生、肃然起敬的感觉。

从孙武的成长足迹和《孙子兵法》的出世历程来看，《孙子兵法》提出的每个思想观点，安放的每个字词，锻造的每句话，建构的每个章节，都历经了一个“十月怀胎”、反复打磨思虑的过程，都走过了一个称得上“造经”的“长征”。这便是《孙子兵法》不朽于世，被誉为“兵学圣典”“武经之首”的缘由；这便是《孙子兵法》风行于外，几千年来让多维、多域、多国度的人们顶礼膜拜的原因所在。实事求是地说，《孙子兵法》完全称得上兵学界的“圣经”。

（二）侠味

《孙子兵法》被北宋官方列入武经之首，赢得至高的兵学地位。与此同时，孙武与《孙子兵法》也引起了众多宋代诗人的关注。在诗里，他们大体把孙武刻画描绘成三种形象：英武的兵家形象、借权逞威的嗜权形象、巧妙进谏的谏言者形象。不过，普遍认可的，还是第一种形象。这说明，“兵圣”孙武给人的感觉是复杂的、多棱面的。那么，品读《孙子兵法》，“主味”之下，可能会“品”出些许异样而有魅力的“味道”。这其中就有一种特殊的“味道”，也就是孙武与《孙子兵法》那种令人爽朗的“侠味”。

这要从墨子说起。墨子有兼爱的思想，一开始就站到天下的立场，首先考虑民众的利益。墨子因兼爱而主张非攻，因非攻而不断抗争。在兼爱思想的影响下，他带出了更多的“路见不平，拔刀相助”，以一己之力去实现社会公正的侠士。“如果说，孟子养仁义的浩然之气，创造了一种儒者的人格美，庄子的合天地之气，创造了一种道家的空灵美，韩非的依法而行，创造了一种法家的法度美，那么，墨子的兼爱胸怀和非攻诉求，创造了一种天下大侠的雄风。”（张法《中国美学史》）孙武的思想与墨子相近，都倡导非攻（不战）；

孙武身上散发着的“味道”与墨子相近，都有一股令人敬仰的“侠味”。比如，孙武以扶危济世的侠气，开篇即发出了“兵者，国之大事，死生之地，存亡之道，不可不察也”的劝世之言。以仗义执言的侠胆，向君王将帅发出了辣味十足的警示之言，在《谋攻篇》毫不掩饰地指出：“故君之所以患于军者三：不知军之不可以进而谓之进，不知军之不可以退而谓之退，是谓縻军；不知三军之事，而同三军之政者，则军士惑矣；不知三军之权而同三军之任，则军士疑矣。三军既惑且疑，则诸侯之难至矣，是谓乱军引胜。”强烈要求“将能而君不御”；一再鼓动将帅，将在外“君命有所不受”。针对在用间上重视不够、投入不够的问题，孙武在《用间篇》义正词严地指出：“凡兴师十万，出征千里，百姓之费，公家之奉，日费千金。内外骚动，怠于道路，不得操事者，七十万家。相守数年，以争一日之胜，而受爵禄百金，不知敌之情者，不仁之至也，非人之将也，非主之佐也，非胜之主也。”能把“不仁”“三非”这样的激烈言辞公开施于君王之身，彰显了个中的“侠味”。

孙武所处的时代，是一个从春秋到战国的转折时代，“礼崩乐坏”，战争频仍，天下大乱，民不聊生。乱世出豪杰，民怨生侠客。一个深谙世事纷乱的孙武，一个深受齐国内乱之苦的孙武，一个自小抱负远大的孙武，在撰著《孙子兵法》的过程中，显现出一种侠肝义胆，则是不足为奇的。从孙武的足迹和经历来看，他为了实现自己的宏大志向和价值追求，毅然决然地离开生他养他、家族势力强大的齐国，携带兵书十三篇远赴吴国，献兵书，谈大略，上演“吴宫教战”，协助吴王经国治军，“西破强楚，北威齐晋”，就勾勒出了他的侠客形象。身之所及，味之所至。那么，孙武撰著的《孙子兵法》自然就少不了一种耐人寻味的“侠味”。

（三）黠味

古人说：“孙子尚智。”《孙子兵法》十三篇，可谓篇篇言智，句句论谋，凝聚了孙武的智慧和创造。在《孙子兵法》里，既有“伐谋”“伐交”“不战而屈人之兵”“兵贵胜，不贵久”“因粮于敌”“卒善而养之”“将能而君不御”等这样的“大略”，又有“出其所不趋，趋其所不意”“避其锐气，击其惰归”，以及“诡道”十二法、“相敌”三十二法等这样的“小计”；既有“知彼知己”“以镒称铢”“以火佐攻”“以近待远，以佚待劳，以饱待饥”等这样的“阳谋”，也有“掠乡分众”“玩弄诸侯”“恐怖袭击”“愚卒耳目”等这样的“阴招”。在他的用兵哲学里，不管计谋与招法如何“高雅”或“低俗”，“求利”是第一位的，“致人”是最重要的，“管用”是最根本的。孙武这种“智”，是一种智慧含量高、层级高、超越俗常的“智”，也就是一种“兵家之胜，不可先传也”的“智”。

孙武的“特别之智”，还生动地反映在如何更好地阐释和推介自己的战争学说上。“施无法之赏，悬无政之令”，这是《九地篇》中的两句话，也是孙武竭力创新战争理论、致力建立自己的战争学说的内心反映与真实写照。然而，创新就意味着破旧，否定权威就意味着被权威的否定。历史上，每一次重大的改革，每一个新的重大思想的出现，都会遇到强大的阻力，甚至带来意想不到的灾祸，胎死腹中的改革之举、创新之措比比皆是。《孙子兵法》提出的“兵者，诡道也”的思想，颠覆了《司马法》“仁为本”的战争理念；提出的“先知者，不可取于鬼神，不可象于事，不可验于度，必取于人”的思想，公然向天道鬼神发出了挑战；提出的“百战百胜，非善之善者也；不战而屈人之兵，善之善者也”的思想，明确否定了传统的战争评价标准；提出的“卒善而养之”的思想，打破了虐杀战俘的“潜规则”；提出的“将能而君不御者胜”的思想，深深刺痛了君主们敏感的神经；等等。在春秋年代，诸如此类的新思想、新观念、新谋略，君主将帅们能认可吗？自己“一厢情愿”打造的战争学说能被广泛接受吗？于是，睿智的孙武在兵学思想的阐释上动了脑筋，想了办法。针对人们传统的“崇古思想”“拜古习惯”，他用的招数就是“以古推今，向古借力”。《孙子兵法》许多处都是从“昔之善战者”“古之善战者”“古之善用兵者”等进入，巧妙有力地阐述自己的思想；列举“军政曰：‘言不相闻，故为金鼓；视不相见，故为旌旗。’”的观点，“黄帝之所以胜四帝”“昔殷之兴也，伊挚在夏；周之兴也，吕牙在殷”的例子，更具说服力地佐证自己的思想。孙武的这种阐述“技巧”，从表层上拉近了新旧理论的距离，也淡化了思想观点上的分歧，把激烈的“对立”演变成了温柔的“对应”，把推翻重来的改革变成了温和的“过渡”和“改良”，君主将帅及军事理论界不知不觉地或者“温水煮青蛙”式地，被孙武的战争学说所征服，从怀疑者、冷对者甚至排斥者、反对者变成了积极的拥护者、实践者。

孙武与《孙子兵法》所彰显出的“特别之智”，让人想起一个不太常用的“字”，那就是“黠”；让人感受到一种微妙难及的味道，那就是“黠味”。《现代汉语规范词典》对“黠”有两种解释：一是聪慧机敏，是一种慧黠；一是狡猾奸诈，是一种狡黠。孙武与《孙子兵法》散发出的“黠味”，是二者兼而有之、慧黠主导的“黠味”，是一种智慧四溢、具有美感的“黠味”。

（四）趣味

语言古板生涩，读起来毫无趣味，是古代兵法的“通病”。这或许是许多人对兵书及诸多古籍敬而远之的重要原因。文章如此，人也如是。一篇文章介绍，有人做过一个调查，四大名著里最让人喜欢的人物，居然是《西游记》里的猪八戒，《红楼梦》里的刘姥姥，《三国演义》里的张飞，《水浒传》里的鲁智深。有趣的是，这几位“爷”，都不是作者笔下浓墨重彩的绝对主角，却无情地抢走了书中男女主角的风头。为什么？原来他们有一个共同的特点：都是有趣的人。

梁启超信仰“趣味主义”，说自己的人生观“拿趣味做根底”，所以他不管写什么，让人读来都势如破竹。他说：“趣味是活动的源泉。趣味干竭，活动跟着停止。好像机器房里没有燃料，发不出蒸汽来，任凭它多大的机器，总要停摆。停摆过后，机器还要生锈，产生许多毒害的物质哩！人类若要把趣味丧失掉的时候，老实说，便是生活得不耐烦，那人虽然勉强留在世间，也不过行尸走肉，倘若全个社会如此，那社会便是痨病的社会，早已被医生宣告死刑。”（《饮冰室文集》卷三十八《趣味教育与教育趣味》）他认为，审美趣味才是一种高等趣味：“文学的本质和作用，最主要的就是‘趣味’。”（《饮冰室文集》卷四十三《晚清两大家诗钞题词》）由此看来，是否有趣味，是否有审美趣味，是衡量一切艺术、活动、生活是否“美”的重要指标。

庄子不仅是大思想家，而且是诗人，他心游天地辩证思考，长于想象，性格上最富于美学意味。他亲近自然，经常出没于山水之间，充满着生活情趣。闻一多说：“他那婴儿哭着要捉月亮似的天真，那神秘的怅惘，圣睿的憧憬，无边际的企慕，无涯岸的艳羡，便使他成为最真实的诗人。”“实在连他的哲学都不像寻常那一种矜严的，峻刻的，料峭的一味皱眉头，绞脑子的东西；他的思想的本身便是一首绝妙的诗。”（闻一多《古典新义·庄子》）“《庄子》书中充满奇幻瑰丽的想象，充满隽永的谐趣，也充满对于世界万物的细致入微的描绘。”（叶朗语）《庄子·秋水》篇里就有一段颇耐人寻味的故事：“庄子与惠子游于濠梁之上。庄子曰：‘鯈鱼出游从容，是鱼乐也！’惠子曰：‘子非鱼，安知鱼之乐？’庄子曰：‘子非我，安知我不知鱼之乐？’”看，多么有趣的你来我往！可见，思想与趣味的奇妙化合，才是人们读《庄子》书即是一种审美享受的秘籍所在。朱光潜1932年在“谈美通信”中，也论及哲学趣味的特殊魅力，他说：“有许多思想却值得当作一个意象悬在心眼前来玩味玩味。”“老实说，我对于许多哲学家的话都很怀疑，但我觉得他们有趣。我以为穷到究竟，一切哲学系统也都只能当作艺术作品去看。”

难能可贵的是，孙武在致力为《孙子兵法》注入趣味上，做了颇有意义、小有成效的尝试。他在区区6000字的有限文字空间中，在这种严谨工整的兵学思想阐释的主基调、主语境下，天工神斧般地嵌入形象生动的话语、诙谐幽默的语言、引人入胜的历史典故，实属不易，绝非寻常。

在形象生动用语方面，用极度夸张的语言阐释攻守、诠释先胜。《形篇》曰：“善守者，藏于九地之下；善攻者，动于九天之上，故能自保而全胜也。”“故胜兵若以镒称铢，败兵若以铢称镒。”还以“激水之疾”释“势”，以“鸷鸟之疾”释“节”，以“木石之性”释“造势”，以“声、色、味”之“五变”释战势“奇正之变”，以“水之形”喻“兵之形”，以“处女”与“脱兔”喻军队的‘静”与“动”，以“以石击卵”形容“避实击虚”原则的巧妙运用，以“其疾如风，其徐如林，侵掠如火，不动如山，难知如阴，动如雷霆”彰示军队行动的原则与要求，等等。

在诙谐幽默用语方面，《地形篇》要求像对待婴儿、对待爱子一样对待士兵，曰：“视卒如婴儿，故可与之赴深溪；视卒如爱子，故可与之俱死。”《九地篇》论及对付阵势严整之敌的办法，曰：“敢问：‘敌众整而将来，待之若何？’曰：‘先夺其所爱，则听矣。’”出人意料、十分突兀地用了一个反问句，一问一答，透出些许滑稽。该篇在论及士兵的勇敢精神时，伤感而不乏诙谐地说：“吾士无余财，非恶货也；无余命，非恶寿也。令发之日，士卒坐者涕沾襟，偃卧者涕交颐。投之无所往者，诸、刿之勇也。”

在引用典故事例方面，在极其有限的篇幅内，列举了“常山之蛇——率然”的古代传说；列举了伊挚、吕牙、专诸、曹刿等历史人物的事迹；以越国为例强调，兵虽多但不知众寡分合的运用，也于事无补，即所谓“越人之兵虽多，亦奚益于胜败哉”；以吴国与越国交恶的例子，阐述一定条件下“同舟共济”的极端重要性，《九地篇》曰：“夫吴人与越人相恶也，当其同舟而济，遇风，其相救也，如左右手。”

这些“注趣”之举，让单调呆板的兵书活泼了许多，让乏味无趣的兵书入味了许多，让曲高和寡的兵书接地气了许多，这在一贯严肃的兵书中是极为罕见的。因此，虽然《孙子兵法》的趣味与其他类型的文章、艺术作品，特别是与后来的《庄子》等，不可同日而语，但所击起的涟漪是美不胜收的，对兵学界的影响是不容低估的。

（五）清味

南唐李璟《保大五年元日大雪登楼赋》诗：“坐有宾朋樽有酒，可怜清味属侬家。”这里的清味，指清淡的菜肴。清味借用到美学领域，也就是审美对象的清淡之味，折射出的是清淡之美。“清”，是魏晋以来的一个理论概念。人物品藻和文艺品味，都是用“清”来表达一种理想，清淡和清悟成为言语活动的高境界，清音则是音乐中的最高境界。

老子说过：“为无为，事无事，味无味。”“无为”是一种“为”，“无味”也是一种“味”，而且是最高的“味”。正像一杯白开水，无色无味，口渴了喝起来却特有滋味，并且远胜各种精配方、高档次的饮料。其实，老子所说的“无味”，并非绝对化，而是一种“淡味”，也就是王弼所注：“以恬淡为味。”老子自己也说过：“恬淡为上，胜而不美。”庄子也“崇淡”，他说：“朴素而天下莫能与之争美”（《庄子·天道》），“淡然无极而众美从之”（《庄子·刻意》）。可见，清味与老子所说的“淡乎其无味”、庄子所说的“淡然无极”、朱光潜所说的“无所为而为”的审美标准是相一致的。

《孙子兵法》在思想阐释上，不乏浓墨重彩，不匮警语厉言，不失深涵浓蕴。然而，一旦品读起来，总会有“一番清味在心头”的感觉。清淡的笔触、清淡的言语、清淡的色调、清淡的意境，似乎让人忘记了正在阅读的是一部内涵丰富、哲理四溢、博大精深的兵书。对此，我们不妨从三个剖面做赏析。

剖面一：平铺直叙与白话式的阐述。模糊美是中国美学的至高境界，“引人入冥漠恍惚之境”是模糊美的最佳效果。庄子曾赞：“古之人混茫中。”杜甫亦口夸其诗“篇终接混茫”。“道”是哲学的最高思想，然而它给人们的感觉是模糊不清，恍惚不已的。“意中之言，而口不能言，口能言之，而意又不可解。”（叶燮《原诗·内篇》）这是模糊美的生动体现。与此有所不同的是，《孙子兵法》在思想阐述上力求走出那种深灰色的玄渺，走出那种黑洞洞的恍惚，走向那种白水般透明的清淡。

孙武好用近乎白话的语言，深入浅出地阐释他的思想，常常是一语道破“天机”，可谓“游鱼细石，直视无碍”，借用朱光潜的话：“指给你一些简截不绕弯的道路让你走上前去，不至于彷徨在大野里，也不至于彷徨在牛角尖里。”《孙子兵法》曰：“兵者，国之大事，死生之地，存亡之道，不可不察也。”“是故百战百胜，非善之善者也；不战而屈人之兵善之善者也。”“知彼知己者，百战不殆。”这些重大思想的阐述，都是直奔主题，简单明了，十分通透，一听便知，一看即懂，可谓把“大餐”做成了“清味”。“树动者，来也；众草多障者，疑也；鸟起者，伏也；兽骇者，覆也；尘高而锐者，车来也……杖立者，饥也；汲而先饮者，渴也；见利而不进者，劳也……”《行军篇》描述的“相敌”三十二法，言白语轻，文约意明，读来让人感受到些许清淡。

剖面二：拉家常式的娓娓道来。读《孙子兵法》时间久了，感觉那十三篇兵法，就像是孙武子老先生写给我们的十三封家信；有时又觉得那位历史上的大智者、那位享誉全球的“兵圣”，就屈腿盘坐在面前，悄悄与我们说家常、拉心里话。这并不是什么幻觉，《孙子兵法》既有疾风骤雨般、厉言愠色性的训教，更有心平气和、春风化雨般的交谈。“凡用兵之法，驰车千驷，革车千乘，带甲十万，千里馈粮，则内外之费，宾客之用，胶漆之材，车甲之奉，日费千金，然后十万之师举矣。”（《作战篇》）说得多么客观、多么质朴、多么入情入理！“国之贫于师者远输，远输则百姓贫。近于师者贵卖，贵卖则百姓财竭，财竭则急于丘役。力屈、财殚，中原内虚于家。百姓之费，十去其七；公家之费，破军罢马，甲胄矢弩，戟楯蔽橹，丘牛大车，十去其六。”（《作战篇》）说得多么接地气、多么体贴民众、多么掏心掏肺！“见胜不过众人之所知，非善之善者也；战胜而天下曰善，非善之善者也。故举秋毫不为多力，见日月不为明目，闻雷霆不为聪耳。古之所谓善战者，胜于易胜者也。故善战者之胜也，无智名，无勇功。故其战胜不忒，不忒者，其所措必胜，胜已败者也。故善战者立于不败之地，而不失敌之败也。是故胜兵先胜而后求战，败兵先战而后求胜。”（《形篇》）说得多么耐心、多么贴切、多么透彻！

剖面三：蜻蜓点水式的微微点拨。《孙子兵法》对战争思想与理论、作战原则与方法的阐述，既有水墨画式的“重”与“详”，更有素描式的“轻”与“略”。比如，《军争篇》对所谓“治气”“治心”“治力”“治变”简明提要；对“高陵勿向，背丘勿施，佯北勿从，锐卒勿攻，饵兵勿食，归师勿遏，围师必阙，穷寇勿迫”的“用兵之法”点到为止。《九地篇》对“涂有所不由，军有所不击，城有所不攻，地有所不争，君命有所不受”的思想，轻描淡写，一带而过。《行军篇》提出的“令之以文，齐之以武”的思想，是《孙子兵法》治军思想的核心，但并没有展开相应的阐释。诸如此类的“惜墨如金”，在十三篇中多有体现，这主要是缘于兵法篇幅的限制；而这种蜻蜓点水式的点拨，虽属不得已而为之，但也给人们留下了更大的思维空间、更大的发挥自由度，同时也增大了《孙子兵法》的思想容量，并且其实际效果有可能也超过某些内容的“喋喋不休”。从此种意义上说，这种“料凡佐淡”的清味，在“品”头上并不逊色于“质高料足”的“大餐”，是完全可以登“大雅之堂”、入“大席”的。

十七 “悟”之美

“悟”，就其本源来讲，不是审美范畴，而是一种非逻辑思维的思维方式。《说文解字》云：“悟，觉也。”“悟”起源于佛教，“悟”作为特定思维方式的专用概念，主要是随着中国佛教哲学的发展而确立的。《涅槃无名论》云：“玄道在于妙悟，妙悟在于即真。”“悟”（妙悟）转化为艺术的审美范畴，其历史地位主要是由宋代的严羽确立的。严羽《沧浪诗话》说：“大抵禅道在妙悟，诗道亦在妙悟。”曾祖荫《中国古典美学》说：“宋代‘禅悦’之风盛行，士大夫与知识阶层，参禅说佛者甚众，比诗于禅者屡见。佛家的妙悟说之所以转入艺术审美之中，实为时风所使然。”

如何理解美学意义上的“悟”？范晞文《对床夜语》说：“咀嚼既久，乃得其意。”元人刘壎《隐居通义》说：“世之未悟者，正如身坐窗内，为纸所隔，故不睹窗外之境。及其点破一窍，眼穿力透，便见得窗外山川之高远，风月之清明，天地之广大，人物之错杂，万象横陈，举无遁形。所争唯一膜之隔，是之谓悟。”王国维《人间词话》说：“稼轩中秋饮酒达旦，用天问体作《木兰花慢》以送月曰：‘可怜今夜月，向何处，去悠悠？是别有人间，那边才见，光景东头。’词人想象，直悟月轮绕地之理，与科学家密合，可谓神悟。”

禅道在妙悟，诗道在妙悟，科道在妙悟。同理，兵道亦在妙悟。《孙子兵法》是“悟”的结晶，《孙子兵法》的应用价值在“悟”，《孙子兵法》的未来亦在“悟”。

（一）孙子兵学源于“悟”

孙武从一个名不见经传的兵学爱好者，成长为一位举世公认、千世不朽的“兵圣”，没有受到过名师的直接指点，没有经历过系统的“家学”教育，也没有经受过“稷下学宫”式的“培训交流”，很大程度上靠的只是“自学成才”。因而，孙武对战争规律的认识与把握，对战争机理的利用与驾驭，对战争理论的创新与提炼，很大程度上靠个人的灵思与妙悟。孙武无疑是一位悟性极高的军事理论家，而他这种“悟”，不是头脑里固有东西的释放，也不是唯心主义的遐想，更不是“真主显灵”式的闪现，而是有源之水、有本之木的“实悟”。我们不妨从三个方面来“悟一悟”孙武的“悟道”。

“悟”自前人兵学精要。《孙子兵法》多处提到“昔之善战者”“昔之善用兵者”“古之所谓善战者”，列举“伊挚在夏”“吕牙在殷”等例子，说明孙武对前人的军事思想和兵法要义有了深入的研究与领悟。

例一，关于“慎战”和“用将”的思想。姜太公在《六韬·龙韬》之《论将》篇中有曰：“兵者，国之大事。存亡之道，命在于将。将者，国之辅也，先王之所重也。故置将，不可不察也。”从中可以看出，《孙子兵法》“慎战观”的本源就在姜太公，孙武正是凭借自己对姜太公思想的心领神悟，确立了整个军事思想体系的理论基础及其兵法的逻辑起点；而其“用将”的论述，也得益于对姜太公相关思想的悟解。

例二，关于“谋攻”的思想。“上兵伐谋”“不战而屈人之兵”，是《孙子兵法》最著名、最具标志性的思想。这一重大思想，既来源于对春秋末期战争形态深刻嬗变的总结反思，也得益于前人思想的重要启迪。有学者推断，孙武正是借鉴齐桓公“九合诸侯，不以兵车”的“全胜”之策，推导出“上兵伐谋”“不战而屈人之兵”的。齐桓公的祖先、齐国的开创者姜太公，就推崇先文后武、文武兼备、不战而胜的战略，注重修德禁暴以悦服万民，非单用武力征服天下。他主张实施“文伐”，就是“以文事伐人，不用交兵接刃而伐之也”。而这一思想，与司马穰苴提出的“上谋不斗”的思想，也是一脉相承的。由此可见，孙武的“谋攻”思想，有着极其深厚的思想渊源。

例三，关于“诡诈”的思想。孙武在《计篇》旗帜鲜明地提出了“兵者，诡道也”的思想观点，并贯穿《孙子兵法》全篇，阐述了施计用诈的一系列原则和方法。这一重要思想同样是“慧然独悟”前贤思想的结果。《史记·齐太公世家》记载，吕尚辅周政，“其事多兵权与奇计，故后世之言兵及周之阴权皆宗太公为本谋”。稍早于孙武的同族司马穰苴，领兵作战对阵晋国、燕国的军队，通过附众威敌，取得了“不战而屈人之兵”的效果。明人刘寅评论说：司马穰苴“为权诈之兵，遂能却燕晋之师”。对姜太公推崇备至的孙武，模仿司马穰苴斩监军庄贾而上演“吴宫教战斩宠姬”的孙武，对他们的权谋研究至深、闻而悟之，就再正常不过了。不过，孙武的高明之处就在于，通过这个“深悟”“彻悟”，比前人更理直气壮，也更深刻、更系统地阐明了“诡诈”的思想、原则与方法。

“悟”自自然社会生活。世间万物，千姿百态，事物的存在形态与运动方式既有其独特性，又与其他事物有着诸多相似、相近甚至相通之处，特别是在大道理、总规律上是相互融通的，相互之间往往存在着有形的抑或无形的千丝万缕的联系，这为人们触景生情、开启思维提供了广阔的空间，赐予了取之不尽、用之不竭的“思维触媒”。牛顿思考树上掉下来的苹果，发现了万有引力；瓦特思考烧水的壶盖为什么会动，发现了蒸汽原理。这种发现，都是“悟”的结果。这其中，既有偶然性，也有必然性。孙武也是牛顿、瓦特这样的巨人，他睿智地抓住事物间的这种联系性，善于由此及彼、由近及远、由一及三、由浅入深地分析问题，善于从对自然、社会、生活等诸多现象的用心观察中得到启迪，迸发出思维的灵感，悟出“致人而不致于人”的兵法战策，创造了“一闻千悟”的神奇。

例一，从“水之形”中悟出“兵之形”，从“水因地而制流”引申到“兵因敌而制胜”。《形篇》曰：“胜者之战民也，若决积水于千仞之溪者，形也。”《虚实篇》指出：“夫兵形象水，水之形，避高而趋下；兵之形，避实而击虚。水因地而制流，兵因敌而制胜。故兵无常势，水无常形；能因敌变化而取胜者，谓之神。”

例二，透过相关物体的特性与功能，体悟用兵之道。《势篇》指出：“兵之所加，如以碬投卵者，虚实是也。""激水之疾，至于漂石者，势也；鸷鸟之疾，至于毁折者，节也。是故善战者，其势险，其节短。势如彍弩，节如发机。""任势者，其战人也，如转木石。木石之性，安则静，危则动，方则止，圆则行。故善战人之势，如转圆石于千仞之山者，势也。"

例三，透过现实生活中的一些常见现象，悟出用兵的规律。《势篇》曰："终而复始，日月是也；死而复生，四时是也。声不过五,五声之变，不可胜听也；色不过五,五色之变，不可胜观也；味不过五,五味之变，不可胜尝也。战势不过奇正，奇正之变，不可胜穷也。奇正相生，如循环之无端，孰能穷之？"这种源于生活、高于生活的用兵之悟，其生命力和影响力是他人很难超越的。当然，孙武既从自然、社会、生活现象中悟兵道，也借助相关现象释兵道，二者互动，相得益彰。

"悟"自战争具体实践。兵法作为战争经验的总结，作为战争规律的反映，是随着战争的产生而产生，随着战争的发展而发展的。任何有生命力的战争理论、军事学说，都来自战争实践的总结与感悟——在战争实践的反思中产生，又在战争实践的检验中完善和升华。《孙子兵法》也不例外，其中的许多思想观点、用兵技巧，是孙武从前世发生的战争、亲眼看到的战争、本人参与的战争中领悟得来的。

例一，从长勺之战悟出"治气说"。《军争篇》曰："故三军可夺气，将军可夺心。是故朝气锐，昼气惰，暮气归。故善用兵者，避其锐气，击其惰归，此治气者也。"这显然悟自齐鲁长勺之战的曹刿论战。

例二，从黄帝战胜部族首领悟出"地利说"。《行军篇》系统阐述了在山地、江河地带、盐碱沼泽地带、平原地带四种地形条件下行军管理和作战的原则。孙武说："凡处军相敌,绝山依谷，视生处高，战隆无登，此处山之军也。绝水必远水；客绝水而来，勿迎之于水内，令半济而击之，利；欲战者，无附于水而迎客；视生处高，无迎水流，此处水上之军也。绝斥泽，惟亟去无留；若交军于斥泽之中，必依水草，而背众树，此处斥泽之军也。平陆处易，而右背高，前死后生，此处平陆之军也。"孙武强调从实际出发，根据不同的地形采取不同的处军相敌原则，争取作战先机，依托有利地形，克服地形障碍与限制，是对冷兵器时代军队行军作战经验的概括。那么，孙武提出这些原则，主要得益于哪些作战行动提供的宝贵经验呢？对此，孙武在《行军篇》中给出了绝妙答案，即：“凡此四军之利，黄帝之所以胜四帝也。”也就是说，这四种利用地形的原则，来自无数次黄帝战胜部族首领战争的经验总结。恰如注家张预所曰：“黄帝始立，四方诸侯亦称帝，以此四地胜之。按《史记·黄帝经》云：‘与炎帝战于阪泉，与蚩尤战于涿鹿，北逐荤粥。’又太公《六韬》言黄帝七十战而定天下。此即是有四方诸侯战也。兵家之法，皆始于黄帝，故云然。”

例三，从殷兴周盛悟出“上智为间说”。伊尹是商朝贤臣、开国元勋，当了三代商朝相国，为商王朝延续六百年的统治奠定了坚实基础。夏朝是大禹之子夏启所建立的中国历史上第一个统治王朝，共传十七代，至夏桀时为商汤所灭亡。在灭夏的过程中，伊尹发挥了非常重要的作用，这其中就包括伊尹在夏朝期间做间谍，详细了解和掌握夏王朝情况，为商汤伐夏提供了重要依据。齐国开创者姜尚即姜太公，曾为商纣王之臣，后被周武王任用为“师”，由于对殷商王朝情况一清二楚，加上他的超人智谋，在推翻殷商王朝的过程中功勋卓著。对殷商王朝来讲，姜尚属于旧臣还是属于间谍，尽管看法不一，但对周王朝来讲功能作用是一样的。孙武深刻总结伊尹、姜尚分别在商汤灭纣、武王灭商战争中所发挥的不可替代的间谍（先知）作用，在《用间篇》一针见血地阐明了用间最重要的是选能人的重要思想。他说：“故明君贤将，所以动而胜人，成功出于众者，先知也。先知者，不可取于鬼神，不可象于事，不可验于度，必取于人，知敌之情者也。”又说：“昔殷之兴也，伊挚在夏；周之兴也，吕牙在殷。故惟明君贤将能以上智为间者，必成大功。此兵之要，三军之所恃而动也。”

例四，从槜李之战悟出“分敌说”。《虚实篇》中有这样一段话：“以吾度之，越人之兵虽多，亦奚益于胜败哉？故曰：胜可为也。敌虽众，可使无斗。”从这段文字来看，孙武是围绕与越国的战争而说的；从具体内容和语气表达来看，很可能是在吴越槜李之战后的感悟。此战的背景和结局是这样的：正当吴王按照孙武的策略，初步达成扰楚、疲楚、弱楚之战略目的的时候，南方的越国主动策应楚国，进攻吴国边境。吴王阖闾想调兵攻打越国，但又担心一支人马力量单薄难以取胜。孙武胸有成竹地对吴王说，兵力在精而不在多，越军虽众，但我们可以用计谋使之分散，因而一支人马就足够了。在孙武的策划下，阖闾同孙武、伍子胥率领一支经过整顿训练的军队，一举攻克占领了槜李这座吴越边境的越国重要城邑。由此可以推断，孙武把此战的经验总结与感悟所得鲜活地充实到了《孙子兵法》之中。

例五，从吴国得势后的颓废悟出“费留说”。据说孙武协助吴王阖闾“西破强楚”后，辞去军职隐居乡间，专门修改完善他的《孙子兵法》。在这个过程中，孙武对吴国战争的经验教训做了充分吸收。《火攻篇》中的“夫战胜攻取，而不修其功者，凶，命曰费留”，有专家推测，很可能是孙武对于吴军破楚入郢之后，“不修其功”，倒行逆施，结果导致灰溜溜撤退这一教训的深刻反省。《作战篇》中有言：“夫钝兵挫锐，屈力殚货，则诸侯乘其弊而起，虽有智者，不能善其后矣。”对此，有专家推测，这大概是对夫差好大喜功，放松对世仇越国的警惕，兴师北上，越国乘虚而入，而导致亡国之历史悲剧的回顾与总结。

（二）孙子论兵让人“悟”

禅，在某种意义上说，只是暗示、提示。即使是道行高深的禅师，他能帮助弟子做到的，也只是指出或暗示出修行的路径。其余的事情，全要靠弟子循着老师指示的方向去努力，靠个人去体验。“任何光辉的理论都无法打开禅的奥秘，只有妙悟才能拥抱真如本体。”兵道如禅道。当年赵括、马谡熟读兵书，少有能及，但他们只知其文，未悟其道，一旦担当大任，就尽露其“败絮”，最后只能落得个兵败命丢的可悲下场。孙武以《孙子兵法》为载体，在战争领域“传经布道”，宣传他的战争理念，释说他的战争理论，推介他的战争主张，固然有极其直白的阐述，有一针见血的指点，有明确具体的原则要求，甚至还列举了诸多理由，许多地方散发着缕缕“清味”，但让人去“悟”的分量还是挺重的。

例一，关于“庙算”。《孙子兵法》在战略运筹、作战筹划上，特别强调“庙算”。《计篇》指出：“夫未战而庙算胜者，得算多也；未战而庙算不胜者，得算少也。多算胜，少算不胜，而况于无算乎？吾以此观之，胜负见矣。”《九地篇》强调：“是故政举之日，夷关折符，无通其使；厉于廊庙之上，以诛其事。”那么，具体怎么“庙算”呢？孙武只是给人们提供了一个大的思路，那就是“经之以五事”“校之以七计”，也就是从“道、天、地、将、法”五个方面，“主孰有道，将孰有能，天地孰得，法令孰行，兵众孰强，士卒孰练，赏罚孰明”七个方面的综合对比中，得出结论，即所谓“知胜负矣”。但是，到底怎么“综合”、怎么“对比”，各个方面的权重占多大，则要求人们去悟，孙武没有提供具体的、有可操作性的“路线图”。

例二，关于“不可先传”。《计篇》鲜明地提出了“兵者，诡道也”的用兵思想，并指明了一系列用诈的方法，后人将其归纳为“诡道十二法”。然而，之后话锋突然一转，明确指出：“此兵家之胜，不可先传也。”这说明，孙武只是给人们提示了诡道的基本方法，并且这“十二法”是仅供用兵时参考的，至于战场上如何施计用诈，还需要人们去领悟、去把握。孙武“不可先传”的思想，虽然是就“诡道”而言的，但有普遍指导意义。实际上，《孙子兵法》蕴含的思想，大量的是留有余地、留下空间的，大量的是让人意会、“不可先传”的，人们运用得好与坏，关键看悟性的强与弱。这与清人叶燮把艺术之理说成“不可名言之理”，是“幽渺以为理”（叶燮《原诗·内篇下》），如出一辙。说白了，就是说非理论语言所能讲清楚。对此，李渔在《闲情偶寄》里实实在在地说：“此理甚难，非可言传，只堪意会。”

例三，关于“有所不为”。《九变篇》主张将帅要依据五种不同地形条件实施灵活的指挥，并提出以“五个有所不”为内容的随机行动原则，即：“涂有所不由，军有所不击，城有所不攻，地有所不争，君命有所不受。”“有所不”是一个弹性很大的原则要求，什么情况下“可”，什么情况下“不”，则全由将帅去“悟”。

例四，关于“形”“势”。《形篇》提出了待机破敌、攻守兼备、胜兵先胜而后求战、实力制胜等一系列重要思想。《势篇》系统论述了积极创造和构建有利作战态势的相关问题，提出了掌握好“分数”“形名”“奇正”“虚实”等环节，处理好“势”和“节”、“择人”和“任势”等关系的诸多要求。这些重要思想，内涵深刻，自由度高，提出来不易，用起来更难，孙武意在要求人们靠一个“悟”字去准确理解、深刻把握与创造性运用，真正做到大悟、彻悟。

（三）孙子兵言需要悟

我们前边说到的“气”“韵”“味”等美的范畴、美的元素，在《孙子兵法》中是客观存在的，而有些是孙武的无意之笔，有些蕴意是孙武本人无察觉的。因此，要深层次地感觉到这些范畴、要素的存在，享受它的美，也离不开一个“悟”字。真谛需要真悟，大蕴需要大悟。《孙子兵法》的思想价值，要靠“悟”去开掘；《孙子兵法》深层次的思想内涵特别是美学存在，需要人们从浅悟走向深悟。恰如张法《中国美学史》所说：“悟，可以说就是对韵外之致的悟。”“就审美欣赏而言，只到观，就是只从外形到了实体性内容，只到味，就是只到了虚体性内容，达到悟，才进入了韵外之致。”

从另外一个层面来讲，作为“兵学圣典”，《孙子兵法》光彩绝伦；作为一家之言，孙子所言难免瑕疵。用美学眼光审视，这或许不是什么缺憾，而是一种“残缺之美”。正是有了某些“瑕疵”，才促使人们更自觉地去“悟”，而不是把兵法条文当成教条简单照搬、囫囵吞枣、“言听计从”，从而进一步彰显了“悟”的美妙。

用“悟”来释解“绝对化”的阐述。《军争篇》曰：“无邀正正之旗，勿击堂堂之陈，此治变者也。”一个“无”字、一个“勿”字，从兵法逻辑上讲，是与“变”的要义相抵触的，是与《孙子兵法》的精髓相背离的。又曰：“故用兵之法，高陵勿向，背丘勿逆，佯北勿从，锐卒勿攻，饵兵勿食，归师勿遏，围师必阙，穷寇勿迫，此用兵之法也。”七个“勿”、一个“必”，显然有些绝对化。《行军篇》提出的“相敌”三十二法，有些一厢情愿。类似绝对化的阐述，在其他篇中也有体现。这就需要人们对《孙子兵法》的条文深学深悟、活学活用，而不是僵硬地照套照搬，把《孙子兵法》变成“孙子教条”。

用“悟”来释解“局限性”的识见。《孙子兵法》是2500多年前的“文物”，不可能不受到那个时代的影响，难免要打下那个时代的印记，也就难以完全消除那个时代的某些局限性。比如，《九地篇》提出了一系列“愚兵之言”。“能愚士卒之耳目，使之无知。易其事，革其谋，使人无识；易其居，迂其途，使人不得虑。”“若驱群羊，驱而往，驱而来，莫知所之。”“犯之以事，勿告以言；犯之以利勿告以害。”孙武这些思想和主张，无疑符合当时的战场需求和战争目的，但其落后性和历史局限性也是显而易见的。又如，《地形篇》曰：“故进不求名，退不避罪，唯人是保，而利合于主，国之宝也。”这种既主张“唯人是保”，又强调“利合于主”的矛盾思想，显然带有很大的局限性。还有，孙武提出的“因粮于敌”思想固然可赞，而其“重地则掠”“掠于饶野，三军足食”的做法，鼓动掠夺，为害于民，实不足取。这就需要人们站在新时代的高度，以全新视角来领悟“老兵法”，取精华，去糟粕。

用“悟”来释解“盲区式”的缺失。《孙子兵法》篇幅受限，对作战思想、作战原则、作战方法等的阐释，不可能面面俱到。但从思想体系、作战体系的完整性、系统性上，还是出现了“致命”的盲区与缺陷。比如，在战略思想上，《孙子兵法》只强调战略速决，而未论及战略持久。毕竟，战争活动是对抗双方的博弈，行动导致反行动，你求“速决”，我则以“持久”对抗，就像抗日战争我军以“持久战”来粉碎日本军国主义的速胜企图。不论“持久”，只求“速决”，分明是一厢情愿的。对类似的理论、思想“盲区”，如果缺乏一定的领悟、深悟，很可能在《孙子兵法》思想的把握上产生误解与偏差，在作战指导上误入歧途。这也提示人们，对《孙子兵法》思想的理解与把握，不能简单地以它论述文字的多少、语言分量的轻重、涉及内容的有无作为依据，而应客观地分析情形，实事求是地做出悟解。毛泽东提出的抗日战争的持久战战略，既基于中日双方政治、军事、经济实力的对比，也得益于对《孙子兵法》的颖悟绝伦之“悟”。对此，但愿人们“一目千里”“一闻千悟”！

十八 “神”之美

“神”，是《易传》在讲宇宙万物发展变化的时候提出的概念。《系辞传》说：“阴阳不测之谓神。”意思是说，“神”是世界万物的极端微妙的变化的规律。据此，《系辞传》进一步说：“知几其神乎。”“神以知来，知以藏往。”也就是说，凡是把握了宇宙万物微妙变化的规律的，也就达到了“神”的境界。这个时候的“神”，还是认识论概念上的“神”。

从认识论的概念转化成美学概念，起于庄子。庄子在讲述寓言故事的时候，使用了“神”这个概念，是指人们在技艺上达到的一种神化的境界。比如，“用志不分，乃凝于神”，“操舟若神”，“器之凝神”，等等。这种境界，就是把握事物变化发展的微妙规律而后获得的一种创造自由，相对于《系辞传》中“神”的概念是一种逻辑的发展，也是一种“血脉”的延续。受此影响，“神”成为许多人品评艺术家和艺术作品的一种很高甚至最高的审美标准。对此，《朱自清古典文学论文集》说：“《庄子》也是一部‘韵致深醇’的哲理诗，却以‘丰富’见长。那丰富的神话或寓言，那丰富的比喻或辞藻，给了后世文学广大的影响；特别是那些故事里表现着的对艺术或技艺的欣赏，以及从那中间提出的‘神’的意念，影响后来的文学和艺术，创造和批评都极其重大。比起儒家，道家对于我们的文学和艺术的影响的确广大些。那‘神’的意念和通过了《庄子》影响的那‘妙’的意念，比起‘温柔敦厚’那教条来，应用的地方也许还要多些罢？”

从庄子的美学思想来看，“神”是对于创造的自由的一种概括，“神”之美的本质是“自由之美”。《庄子》书中描述的“庖丁解牛”等故事，展现了庖丁这样的工匠、艺人在技艺上的一种高度的自由，而这种自由已经达到一种神化的境界。

《孙子兵法》的思想，既体现了认识论概念上的“神”，又彰显了美学意义上的“神”，是认识论与审美观的统一与融合。那么,《孙子兵法》的用兵思想“神”在哪里呢？我们说，“神”就“神”在“能掐会算”上；“能掐会算”，即可进入一种高度自由、泰然处之的境界。而所谓“能掐会算”，所谓“高度自由”，最核心的就是一个“知”字。人们都说诸葛亮“神机妙算”，都说“毛泽东用兵真如神”，他们的“神”，很大程度上都是因“先知先觉”而“神”。这种“知”包括两个方面：一是知“道”，即掌握战争的规律；一是知“情”，即掌握战争相关方面、相关要素的情况，这其中也包括相应的内在运行规律（也是一种“道”），如敌方活动的规律，士兵不同环境条件下心理、士气变化的规律，部队战斗力消长的规律，气候天象变化的规律，双方及有关诸侯国君王、将帅的脾气特性，等等。孙武对战争规律的把握与运用，可谓“出神入化”“炉火纯青”。这两个方面的“知”，与“神”的美学内涵都是相契合的。《孙子兵法》中共用了79个“知”字，这些“知”构筑了中国古代兵家独树一帜的战争认识论，彰显了《孙子兵法》的“神”之美。

（一）知规律者谓之神

《地形篇》曰：“故战道必胜，主曰无战，必战可也；战道不胜，主曰必战，无战可也。”就是说，战争规律是客观存在的，是不以任何人的意志为转移的。人们只能认识它、把握它、遵循它、利用它，而不能违背它。在孙武看来，无论是什么人，无论职级多高、权力多大、本事多强，战场上都只能按战争规律行事，连君王也不例外；否则，必然遭到规律的惩罚，导致战争的惨败。《孙子兵法》全书的主旨，就是揭示战争的规律。它通篇对战争规律的深刻认识和能动把握，为人们认识战争、把握战争、驾驭战争提供了根本遵循与指导。《孙子兵法》中揭示的“存亡之道”“知胜之道”“战道”“为客之道”“地之道”“败之道”“安国全军之道”，指的都是战争的规律。“上兵伐谋，其次伐交，其次伐兵，其下攻城”“知彼知己，百战不殆”“兵者，诡道也”“避实击虚”“避其锐气，击其惰归”“智者之虑，必杂于利害”“是故政举之日，夷关折符，无通其使；厉于廊庙之上，以诛其事”“夫战胜攻取，而不修其功者，凶，命曰费留”“上智为间”等等，都是对战争问题的规律性总结。

同时还要看到，《孙子兵法》并没有就战争研究战争，一味盯住战争规律的探索总结而把目光局限在军事领域，而是通过对自然规律的认识总结，触类旁通、类比转移，深刻揭示、形象阐释战争的特殊规律。如《势篇》：“终而复始，日月是也；死而复生，四时是也。声不过五，五声之变，不可胜听也；色不过五，五色之变，不可胜观也；味不过五，五味之变，不可胜尝也。战势不过奇正，奇正之变，不可胜穷也。”“激水之疾，至于漂石者，势也；鸷鸟之疾，至于毁折者，节也。是故善战者，其势险，其节短。势如彍弩，节如发机。”“任势者，其战人也，如转木石；木石之性，安则静，危则动，方则止，圆则行。故善战人之势，如转圆石于千仞之山者，势也。”《虚实篇》：“夫兵形象水，水之形，避高而趋下；兵之形，避实而击虚。水因地而制流，兵因敌而制胜。故兵无常势，水无常形。”

掌握了战争的规律，就像“庖丁解牛”那样，行动起来就有了很大的自信心，就有了得心应手的自由度，指挥战争就会行云流水、挥洒自如。《孙子兵法》的这种美，是“合规律”之美，是潇洒、自由之美，称其为“神”，一点也不为过。

（二）知敌我者谓之神

战争是对抗双方的博弈与厮杀，作战双方谁能够看透对方、认清自己，谁就掌握了战争的主动权，谁就可以“以己之长对敌之短”，“致人而不致于人”。为此，《谋攻篇》提出了“知彼知己，百战不殆”的著名军事原则，强调：“知彼知己者，百战不殆；不知彼而知己，一胜一负；不知彼，不知己，每战必殆。”然而，无论“知彼”还是“知己”，都不是一件轻松的事情。古人讲，“知人者智，知己者明”。这说明，作为凡人是很难做到完全“知人”和“知己”的。日常生活中尚且如此，何况战争乎？战争是一个充满着诡诈和盖然性的领域，在浓重的“战争迷雾”面前，“知人”实属不易；战场呈现“单向透明”的状态，审视自己缺乏具体、实际的参照，客观评价自己的能力及不足，其难度往往超过“知人”。等到仗真正打完了，吃了败仗或吃了大亏，才知道自己有多轻多重了，那已经晚矣！可以说，“知彼知己”是孙武为人们设置的一个意义非凡、标准至高的重大命题。

对孙武“知彼知己，百战不殆”的思想，毛泽东在《中国革命战争的战略问题》中给予了高度评价。他说：“有一种人，明于知己，暗于知彼，又有一种人，明于知彼，暗于知己，他们都是不能解决战争规律的学习和使用的问题的。中国古代大军事学家孙武子书上‘知彼知己，百战不殆’这句话，是包括学习和使用两个阶段而说的，包括从认识客观实际中发展规律，并按照这些规律去决定自己行动克服当前敌人而说的；我们不要轻看这句话。”一位古代军事家，一条军事原则，能够让一代伟人毛泽东如此高度认可，花上如此多的笔墨，实在非同寻常，也彰显了其中的特别魅力。这也是我们称“知敌我者谓之神”的底气所在。

“知”是“行”之基，“行”是“知”之本。《孙子兵法》不仅指明了“知彼知己”的极端重要性，也为人们如何“知彼”、怎样“知己”提供了思路与方法；不仅布置了“上篇文章”的“作业题”——解决好“知”的问题，也列出了“下篇文章”的“作业提要”——解决好“行”的问题。比如，“知彼”是为了更好地“制彼”。能够把“知彼”成果转化为制敌对策、胜敌成效，才是“知”的初衷所在，也是“知”的深化与发展，是“神”的更高表现形态。正因如此，《虚实篇》指出：“能因敌变化而取胜者，谓之神。”

《孙子兵法》不仅要求“知彼”，也要求反敌“知彼”。《虚实篇》强调：“形人而我无形。”“形兵之极，至于无形；无形，则深间不能窥，智者不能谋。”“因形而错胜于众，众不能知；人皆知我所以胜之形，而莫知吾所以制胜之形。”《用间篇》则提出：“五间俱起，莫知其道，是谓神纪，人君之宝也。”这同样是一种“神”的境界追求。

（三）知天地者谓之神

天时、地利作为大自然的馈赠，具有神奇的力量，是十分有力的“兵之助”，利用得好能够收到意想不到的效果。《三国演义》就是通过刻画诸葛亮巧借东风，协助东吴大败拥有80万大军的曹操集团，成功塑造了诸葛亮上知天文、下知地理，呼风唤雨、无所不能的“神”的形象。上千年来，人们之所以高度认可这种艺术化的形象，不仅仅得益于罗贯中的妙笔生花，还因为知天知地者能够把大自然的力量用到极致，创造出战争奇迹这个现实可能。

《孙子兵法》把“知天”“知地”与“知彼”“知己”摆到同等重要的地位。《地形篇》明确指出：“知彼知己，胜乃不殆；知天知地，胜乃不穷。”孙武在多个篇中，对如何“用天”“用地”做出了深刻的阐释。《形篇》极其形象地指出：“善守者，藏于九地之下；善攻者，动于九天之上，故能自保而全胜也。”《行军篇》突出强调地形条件对军队行动的意义，对如何抢占地形，发挥“兵之利，地之助”的作用，掌握战场主动权等问题，提出了一系列行动原则和方法。《地形篇》系统阐述了地形与作战的关系，明确了六种地形上作战的方法与原则。《九地篇》提出了九种地形条件下作战的基本原则，要求根据客观的地理环境以及对部队心态的影响，因势利导，确定正确的战略战术和作战指导方针。《火攻篇》提出：“发火有时，起火有日。时者，天之燥也；日者，月在箕、壁、翼、轸也。凡此四宿者，风起之日也。”“火发上风，无攻下风。”

应该说，天时、地利是客观存在的，对作战双方来讲是相对公平的，能不能趋利避害，充分有效地加以利用，关键要看将帅“知天”“知地”的能力和水平。为此，《计篇》把“天”“地”列入衡量战争成败的“五事”“七计”之中，并明确指出：“天者，阴阳、寒暑、时制也。地者，远近、险易、广狭、死生也”，要求“将莫不闻”。《地形篇》郑重告诫将帅：“凡此六者，地之道也；将之至任，不可不察也。”《九地篇》突出强调：“九地之变，屈伸之利，人情之理，不可不察。”

天地之广阔，无与能比；天地之高深，无与能及；天地之性情，无人轻易能测。正如《荀子·天论》所曰：“天行有常，不为尧存，不为桀亡。”“列星随旋，日月递炤，四时代御，阴阳大化，风雨博施，万物各得其和以生，各得其养以成。不见其事而见其功，夫是之谓神。皆知其所以成，莫知其无形，夫是之谓天。”孙武能够“谈天论地”，在于他对军事天文学、军事地理学、军事地形学等，有着深入扎实的学习研究基础。孙武的天地知识在今天看来尽管还是较为原始的，但在2000多年前他就有这样的慧眼，实为难能可贵。今天的天地远不是昔日的天地，其广阔性、高深性、丰富性、复杂性、多变性，与2000多年前均不可同日而语。作为统兵作战的将帅们，要想真正达到“知天”“知地”的水准与要求，能够像诸葛亮那样“呼风唤雨”、巧借天地之力取胜，进入到“神”的境界，就需要在摸透天地脾性上拥有一双“天眼”，还要比“兵圣”孙武、比“智圣”诸葛亮下更大更足的功夫。

（四）知胜负者谓之神

《易传》认为，凡是把握了事物发展变化的规律，能够认识事物变化的先兆，能够预见事物发展将来的，也谓之“神”，即所谓“神以知来”。《孙子兵法》主张未战先预测战争胜负，“胜兵先胜而后求战”。没有取胜的把握不要用兵，即所谓“非得不用”。围绕预知战争的进程及结局，《计篇》要求对“五事”“七计”进行综合分析，指出：“故经之以五事，校之以计而索其情：一曰道，二曰天，三曰地，四曰将，五曰法。道者，令民与上同意也。故可以与之死，可以与之生，而不畏危。天者，阴阳、寒暑、时制也。地者，远近、险易、广狭、死生也。将者，智、信、仁、勇、严也。法者，曲制、官道、主用也。凡此五者，将莫不闻，知之者胜，不知者不胜。”又说：“故校之以计而索其情，曰：主孰有道，将孰有能，天地孰得，法令孰行，兵众孰强，士卒孰练，赏罚孰明。吾以此知胜负矣。”在此基础上，《谋攻篇》又提出了“知胜”的五条标准，指出：“故知胜有五：知可以战与不可以战者胜，识众寡之用者胜，上下同欲者胜，以虞待不虞者胜，将能而君不御者胜。此五者，知胜之道也。”

预知战争进程与结局者，历史上无人能及诸葛亮与毛泽东。诸葛亮的“隆中对”，神一般地预测、验证了“三家定天下”的汉后大局；而抗日战争的基本走势与最终结果，无可辩驳地证实了毛泽东《论持久战》的神奇预测。我们说诸葛亮、毛泽东“神”，一个最重要的标志就是他们能够准确地预知战争的走向和结局。不过，话又说回来，这两位大智大睿者那无与伦比的预测“神功”，都或多或少地受到过《孙子兵法》的影响。

（五）人不知者谓之神

《孟子·尽心下》曰：“大而化之之谓圣，圣而不可知之之谓神。”叶燮《原诗·内篇上》说：“变化而不失其正，千古诗人，唯杜甫为能”，“杜甫，诗之神者也，夫惟神，乃能变化”。同样，“知”是一种境界，可谓之“神”；“知”而为人所不“知”、“知”而为人不知所以“知”，则是一种更高的境界，是一种更高层次的“神”。《孙子兵法》推崇这种“为人所不知”“为人不知所以知”。《形篇》曰：“见胜不过众人之所知，非善之善者也；战胜而天下曰善，非善之善者也。故举秋毫不为多力，见日月不为明目，闻雷霆不为聪耳。古之所谓善战者，胜于易胜者也。故善战者之胜也，无智名，无勇功。”就是说，预测战争的进程及结局不超过一般人的见识，算不上高明中最高明的。经过艰苦激战而取得胜利的，即使普天下的人都说好，也不能算是高明中最高明的。古时候所说的那些善于用兵打仗的人，打了胜仗，既没有智慧的名声，也没有勇武的战功，他们才是高明中最高明的。《虚实篇》也强调：“因形而错胜于众，众不能知；人皆知我所以胜之形，而莫知吾所以制胜之形。故其战胜不复，而应形于无穷。”就是说，把根据敌情变化而取得的胜利摆在众人面前，人们也还是看不懂其中的奥妙。人们只知道我采取何种作战方法去战胜敌人，却不知道我是怎样根据敌情制定这一作战方法的。所以每次打胜仗都不能重复以往的战法，而是要根据不同的敌情，变化无穷。这可谓“神”中之“神”。

（六）反鬼神者谓之神

孙武生活的时代，上古三代流传下来的卜筮占验之风依然很盛行，人们往往依据占卜的结果择定日期，判断吉凶。据《左传·庄公十六年》记载，公元前684年齐鲁长勺之战前夕，曹刿问鲁庄公“何以战”，鲁庄公列举的三个条件之中，就有一条是“牺牲玉帛，弗敢加也，必以信”。意思是说，对神的供奉是守信用的。可以看出，那时候的“知战”“知胜”主要是靠占卜，向鬼神祈祷、叩问。这种装神弄鬼做法之下的“知”，显然与美学意义上的“神”是背道而驰的。

孙武的勇气和智慧就在于，敢于向鬼神说“不”。他从唯物主义的立场出发，竭力反对用迷信的方法去预测胜负，主张必须抛弃“天命”吉凶的观念，客观辩证、实事求是地去做判断。在《九地篇》中明确提出“禁祥去疑”的观点，强调在军内禁止占卜之类的迷信活动，消除士卒的疑惑。《用间篇》旗帜鲜明地指出：“故明君贤将，所以动而胜人，成功出于众者，先知也。先知者，不可取于鬼神，不可象于事，不可验于度，必取于人，知敌之情者也。”这些都生动地体现了孙武鲜明的无神论思想，体现了努力使军事预测摆脱迷信做法、挣脱愚昧枷锁，真正把对战争问题的“知”建筑在理性、科学的基础之上的决心与理念。这种“知”，闪烁着“神”之光，流溢出“神”之美，更加弥足珍贵。

在对《孙子兵法》“神”之美阐释结束的时候，我们不得不说，孙武可谓兵学界的“神人”，《孙子兵法》可谓兵法林中的“神法”，二者都值得人们走进去做一番“神游”！

十九 “妙”之美

“妙”这个范畴是老子第一次提出来的。《老子》第一章说：“道可道，非常‘道’；名可名，非常‘名’。无，名天地之始；有，名万物之母。故常‘无’，欲以观其妙；常‘有’，欲以观其徼。此两者，同出而异名，同谓之玄。玄之又玄，众妙之门。”从中可以看出，“妙”体现的是“道”的无规定性、无限性的一面，“徼”体现的是“道”的有规定性和有限性的一面。正是“妙”这种对“道”的“无规定”“无限性”体现，让人把握起来必然超出有限的物象，或许才有了“妙不可言”之说。

《易传》《庄子》也用这个“妙”字，但仍偏重于哲学的意味。到了汉代，“妙”就成为常用的审美评语，成为一个美学范畴。自此，“妙篇”“妙诗”“妙语”“妙句”“妙笔”“妙音”“妙味”“妙旨”“妙理”“妙风”“妙用”“妙解”“妙悟”“妙招”“妙诀”“妙手”“妙才”……诸如此类的“妙”词，铺天盖地而来，广泛地渗透到一切领域，更在审美领域独领风骚，以至于老子提出的这个“妙”字，在美学史上的影响，远远超过了美学的“嫡亲”——“美”字。

《孙子兵法》作为“兵学圣典”，在兵法之林中，可谓“妙篇”；对战争规律的精深把握与哲理阐释，可谓“妙解”；提出的一系列“不战”与“战”的政策、对策，可谓“妙计”。如果用一个字来诠释《孙子兵法》的思想精髓，如果用一个字来评价《孙子兵法》的诠释手法，最贴切不过的，就是这个“妙”字。《孙子兵法》中虽然直接使用的“妙”字很少，但无“妙”之妙胜过有“妙”之妙，“妙”往往就妙在不言中。欣赏《孙子兵法》的“妙”之美，重要的不是去看“妙”字，而是要去悟“妙意”。这正应了一句兵法名言：“运用之妙，存乎一心。”

（一）妙诀

所谓“妙诀”，《现代汉语词典》给出的解释是：高明的窍门或方法。兵法上的“妙诀”，说白了就是兵法使用中的一些奥妙，这里面有凡人认识不到、把握不了的诀窍，但更多的是“只可意会，不可言传”的“妙门”。《孙子兵法》给人们提出了一系列“规定性”的东西，诸如所谓“凡”，所谓“是”，所谓“必”，所谓“非”，所谓“不”，所谓“不可不”，等等。这其中，包括了基本规律、基本方针、基本原则、基本战法、基本要求等等，为人们筹划指导战争提供了基本的依据和遵循。与此同时，也给人们传授了一些“高明的窍门或方法”，也就是“妙诀”，重在让人们去领悟、去把握。

——“兵家之胜，不可先传”。《计篇》在提出一系列明确具体的“诡道”之法后，又郑重提醒人们，“此兵家之胜，不可先传也”。这样讲，看起来似乎前后矛盾，实则体现了“道”的“无”与“有”的相生和统一。单从“兵家之胜，不可先传”这层意思来看，则体现了“道”的无规定性、无限性。这正是施计用诈的“妙诀”。人人都知晓诡道方法，为什么有人用之多胜，有人用之屡败，效果不同、结局迥异呢？原因就在于对诡道方法这种无规定性、无限性的把握，存在显著的差距。而用兵之“微妙”，就恰恰体现在这里。

——“可使无斗”。《虚实篇》曰：“以吾度之，越人之兵虽多，亦奚益于胜败哉？故曰：胜可为也。敌虽众，可使无斗。”在这里，“可使无斗”就是战胜力量强大敌人的妙诀所在。至于如何做到使敌“无斗”，孙武让人钻到《虚实篇》这些有规定性、有限性的阐述中去找答案，更让人超越《虚实篇》乃至《孙子兵法》的有规定性、有限性阐述，找出符合实际的、管用有效的、富有创造性的对策。这是《孙子兵法》的题中应有之意，也是其“妙诀”所在。

——“投之亡地然后存，陷之死地然后生”。《九地篇》认为：“投之无所往，死且不北；死，焉不得士人尽力。兵士甚陷则不惧，无所往则固，深入则拘，不得已则斗。”又说：“帅与之期，如登高而去其梯；帅与之深入诸侯之地，而发其机，焚舟破釜……聚三军之众，投之于险，此谓将军之事也。”在此论之下，提出了颇为著名的主张：“投之亡地然后存，陷之死地然后生。夫众陷于害，然后能为胜败。”这其中的“妙诀”就是，绝境之中固然有“死”，而死地之中也潜藏着“存”，这种“死地”是相对的，而不是绝对的。在一定的条件下，这种“死”会成为转化为“存”的最生动、最活跃的力量。孙武正是把握了这其中的奥妙，提出了上述主张。

历史上，项羽在灭秦后与燕军的作战中，巧妙运用这一“妙诀”，以较小的力量一举战胜了实力强大的燕军，创造了“投之亡地然后存，陷之死地然后生”的战争奇迹。在几百年后的蜀魏对抗中，蜀国将军马谡再次运用这一“妙诀”，把军队部署在远离水源的山顶部，结果被司马懿断了水源。蜀军陷入了绝境。不过，马谡期待的“投之亡地然后存，陷之死地然后生”的战争奇迹并没有出现，而是蜀军在被围、被困之下军心涣散，不战自溃，以致蜀国痛失街亭。诸葛亮无奈之下上演“空城计”，不仅差点当了司马懿的俘虏，还导致整个战局陷入被动，之后不得不撤军回蜀，不得不挥泪斩马谡。“投之亡地然后存，陷之死地然后生”这一“妙诀”，为什么项羽用之则灵，马谡用之不灵呢？就因为马谡没有领悟到《孙子兵法》中这一“妙诀”的前提性“妙诀”，也就是《九地篇》所讲的：“疾战则存，不疾战则亡者，为死地。”司马懿恰恰抓住了这一点，以“不疾战”对蜀军。那么，处于绝对“死地”的蜀军，岂有不败之理？

——“非微妙不能得间之实”。《用间篇》认为：“非圣智不能用间，非仁义不能使间，非微妙不能得间之实。微哉微哉！无所不用间也。间事未发，而先闻者，间与所告者皆死。”在孙武看来，“用间”虽然是一种最常见的“先知”方法，但并非什么人都会用、都能用、都用得好。只知道“用间”的必要性、基本方法、基本要求是远远不够的，关键是要把握好这里面的“妙诀”，如“三非”“皆死”等，否则就会“用间”不成，反被“间”害。

（二）妙算

所谓“妙算”，通俗地讲，就是神奇巧妙的计谋。我们通常所说的“神机妙算”，讲的就是这个意思。相对下面要讲的“妙着”来说，“妙算”侧重于展现运筹谋划层面上的“妙”——“妙筹”。《孙子兵法》强调“算”，认为“多算胜，少算不胜”。不过，这个“算”并非单意，它既是看一看有多大的“胜算”之“算”，也是看一看如何增加“胜算”之“算”。这里要说的“妙算”之“算”，特指后者，即对策范畴的“算”。《孙子兵法》的“妙算”有许许多多，这里摘要采撷几“算”。

——“伐谋”“伐交”。《谋攻篇》认为：“是故百战百胜，非善之善者也；不战而屈人之兵，善之善者也。”“伐谋”“伐交”作为“不战而屈人之兵”之策，既历史性地打破了传统的暴力相加的模式，又能够做到“兵不顿而利可全”，这无疑是高明中最高明的战略，无疑应列入优中选优之策，无疑是战略对抗与博弈上的最大的“妙算”。

——“以正合，以奇胜”。《势篇》提出的“以正合，以奇胜”的作战模式，打破了古军礼“结日定地，各居一面，鸣鼓而战，不相诈”的束缚，在正面迎敌的同时，出以奇兵，往往收到意想不到的效果。比如，公元前718年，郑国进攻卫国，燕国出兵救援，与郑国的军队战于北制（今河南荥阳）。郑国把三军部署在燕军的正面，另以一部偷袭其侧后。燕军只注意防备正面，背后遭到了郑军的突然袭击，结果大败。这种以堂堂正正的作战样式与敌人交战，以灵活机动的战略战术突然攻击敌人的战法，谋求的是“攻其无备，出其不意”的“奇效”，体现了“道”的“无规定性、无限性”的一面，能够得手者必然算得上“妙算”。

——“避其锐气，击其惰归”。《军争篇》：“故三军可夺气，将军可夺心。是故朝气锐，昼气惰，暮气归。故善用兵者，避其锐气，击其惰归，此谓治气者也。”这种利用军心士气变化的规律，针对人的生物钟反应，科学调控与敌交战的进程与节奏的做法，“妙”就妙在“治气”先人一步、“心战”胜人一筹。

——“策、作、形、角”。《虚实篇》围绕洞察敌情，提出了一套“形人”之策，也就是：“故策之而知得失之计，作之而知动静之理，形之而知死生之地，角之而知有余不足之处。”这些对策，超越了一般意义上的察敌之策，充满智慧，充满诡道，充满计谋，是实现“致人而不致于人”的“妙算”。

——“屈、役、趋”。孙武主张用敌国所厌恶的事情去伤害它，而使其屈服；用敌国不得不做的事情去驱使它，而使它穷于应付；用小利去引诱调动敌国，而使它被动奔走。《九变篇》指出：“是故屈诸侯者以害，役诸侯者以业，趋诸侯者以利。”这种“屈、役、趋”，无疑是主宰敌人的“妙算”。

——“始如处女”“后如脱兔”。《九地篇》结尾有言：“是故始如处女，敌人开户，后如脱兔，敌不及拒。”一静一动，前后迥异，判若两世，诱敌、蒙敌、突然制敌，陡生奇效。岂不妙哉！

——借力于敌。《作战篇》提出了“取用于国，因粮于敌，故军食可足也”的保障原则。这一原则，既减轻了国内的负担，又加重了敌国的负担，削弱了其保障能力，可谓一箭双雕。提出的“车杂而乘之，卒善而养之，是谓胜敌而益强”的主张，既强大了自己，又瓦解了敌人，同样可以收到一石二鸟之效。这种借力于敌的计谋，“妙”就妙在这里。

（三）妙着

下棋时走出的巧妙的招法，人们称之为“妙着”。引用到兵法领域，则用于生动反映作战中出奇使用的兵法招数。与“妙算”相较，侧重于展现兵法实施层面的“妙”——“妙动”。《孙子兵法》呈现给人们的“妙着”，或显或隐，或静或动，比比皆是，可谓俯首随拾，信手拈来。

逼敌中招。《虚实篇》曰：“进而不可御者，冲其虚也；退而不可追者，速而不可及也。故我欲战，敌虽高垒深沟，不得不与我战者，攻其所必救也；我不欲战，画地而守之，敌不得与我战者，乖其所之也。”这里的核心是一个“逼”字，“妙着”就在于攻击了敌人所必须救援之处，即“攻其所必救”；在于设法使敌人改变了行动方向，即“乖其所之”。《九地篇》曰：“敢问：‘敌众整而将来，待之若何？’曰：‘先夺其爱，则听矣。’”这里的核心也是一个“逼”字，“妙着”就在于先攻击敌人的要害之处，即“先夺其爱”。

智施巧招。《九地篇》指出：“故为兵之事，在于顺详敌之意，并敌一向，千里杀将，此谓巧能成事者也。”“巧”往往连着“妙”，“妙着”往往得益于一个“巧”字。这里所说的“巧”，即是“巧妙”。红军长征最经典的战例，莫过于“四渡赤水”战役。虚虚实实，真真假假，声东击西，调虎离山，金蝉脱壳……这些蕴含着中国军事智慧的谋略元素和高超指挥艺术，得到了空前的、淋漓尽致的展现，今天品来仍让人击节赞美不已。

反常用招。《九地篇》强调：“兵之情主速，乘人之不及，由不虞之道，攻其所不戒也。”要求在攻击时间、攻击路线、攻击部位的选择上，打破常规，谋求出奇制胜之效。这正是所谓：“运兵计谋，为不可测。”被誉为“论兵新孙吴”的刘伯承元帅，在抗日战争中精心设计指挥的“七亘村重叠设伏”之战，堪称反常用招的典范。

勇出奇招。《九地篇》倡导：“施无法之赏，悬无政之令，犯三军之众，若使一人。”这种不合惯例的奖赏、不拘常规的号令，能够做到指挥全军如同使用一个人，是一种有胆有识、有力有效的非凡之策，是奇招，更是高人一筹的“妙着”。

见招拆招。善识来招，会破敌招，才能做到“致人而不致于人”。这种“拆”，是“道高一尺，魔高一丈”，因而称得上是“妙”中之“妙”。在这方面，《孙子兵法》给人提供了一些基本的思路和想法。比如，《九地篇》提醒人们：“所谓古之善用兵者，能使敌人前后不相及，众寡不相恃，贵贱不相救，上下不相收，卒离而不集，兵合而不齐。”

（四）妙用

所谓“妙用”，是指奇妙的作用或用处，也可理解为奇妙地使用或应用。《孙子兵法》在“妙用”上，可圈可点之处颇多。比如，在“用间”上，提倡“上智为间”，就是把智慧高超的人用在“间事”上。《用间篇》举例说：“昔殷之兴也，伊挚在夏；周之兴也，吕牙在殷。故惟明君贤将能以上智为间者，必成大功。此兵之要，三军之所恃而动也。”又如，围绕战争中对火、水、风等自然力的使用，研究深透，把脉准确，阐述系统，提出了一系列发挥其特殊功效的对策和招数。《火攻篇》指出：“凡火攻有五：一曰火人，二曰火积，三曰火辎，四曰火库，五曰火队”，“发火有时，起火有日。时者，天之燥也；

日者，月在箕、壁、翼、轸也。凡此四宿者，风起之日也”，“火发上风，无攻下风”，“以火佐攻者明，以水佐攻者强。水可以绝，不可以夺”。可以说，诸如此类的招数，即可把火、水、风等自然力的作用发挥到极致。历史小说《三国演义》中诸葛亮“草船借箭”的故事，就艺术地体现了《孙子兵法》对自然力的独特诠释与“妙用”。

（五）妙喻

《孙子兵法》大量运用比喻手法，生动形象地揭示战争的本质与规律，富有美感地阐释作战的思想与方法，运用之妙，少有媲美者。比如，《形篇》用“藏于九地”“动于九天”，来要求防御行动藏不可知，进攻行动神不可测；借用“举秋毫不为多力，见日月不为明目，闻雷霆不为耳聪”，来揭示“善战者之胜也，无智名，无勇功”的道理；用“以镒称铢”，来阐明以绝对优势兵力战胜敌人的原则。又如，《九地篇》列举常山之蛇“率然”“击其首则尾至，击其尾则首至，击其中则首尾俱至”的性征，要求将帅指挥部队互相策应要像“率然”那样高度灵敏、高度协调、高度精准、高度有效。

二十　“真”之美

“真”，作为一个美学范畴，蕴涵着正价值、正能量，具有公益性能、正面意义，是大众化、“普世性”的“美”。中国古典美学中的“真”范畴，主要属于价值论范围，往往与“善”和“美”连在一起，统于一体来展现和使用，有别于西方侧重于认识论领域的“真”。实际上，在认识论、价值观和审美领域，都存在真、善、美的问题，三者既相互区别，又相互联系。中国古典美学中“真”的美学内涵，有儒家美学由“仁爱”及“真”，道家美学由“道”及人性之“真”，禅宗美学以“真心”入禅境。中国古典美学思想在不同时期各有侧重，却始终包含“真”的美学内涵。

《孙子兵法》既反映了对战争本质与规律的深刻认识，也体现了中国传统的价值观思想，因而她的“真”之美，包含了价值论与认识论两个范围、两种意义上的美。陶行知先生有言：“千教万教教人求真，千学万学学做真人。”《孙子兵法》在向世人传授战争奥秘、战争规律的同时，也在教人如何“求真”、如何做“真人”。

（一）真历

英雄不问来路，来路亦显英雄。作为“兵学圣典”的《孙子兵法》，绝非一蹴而就、数日数载之作，而是孙武一生不懈求是、执着求实的结晶，它从孕育、初成到成熟、升华，经过了一个十分漫长而又极不平凡的求真历程。我们不妨把这个深耕细作、精心雕琢、由“玉”成“器”的求真历程，简约称之为

“真历”。

从孙武的活动足迹来看,《孙子兵法》经历了从齐国的思考、设计、撰著、成书到吴国的修改、完善、升华这样一个长时间、大跨度的过程。围绕实现撰写旷世兵书的人生追求,孙武在齐国对战史战例和上古以来的战争思想,进行了长期的梳理、研究与反思;对相关学科的理论与知识,进行了长期的学习积累;对战争理论、作战指导、战法对策、治军带兵等问题,进行了长期的学术准备和思想沉淀;对撰著中的兵法书稿,进行了长期的思想打磨和文字提炼,形成的十三篇兵书,倾注了孙武的满腔心血。孙武携带这十三篇兵书,从齐国来到吴国,在吴王阖闾、吴将伍子胥思想的影响下,在所经历战争的检验、启迪下,对十三篇兵书又进行了“二次创作”和深度加工,留给后人的《孙子兵法》,凝聚了孙武毕生的心血和智慧。可以说,《孙子兵法》是随着孙武那“不安分”的头脑与双脚,穿千山、过万水,经风雨、历血火,从“怀胎”到“分娩”、从稚嫩到成熟,一步步成长起来的。

从兵法的“吴国印记”来看,《孙子兵法》受吴文化的影响是长期的、深度的。孙武是在齐国文化的熏陶和教育下长大的,他带到吴国的十三篇兵书,所蕴含的文化主要是齐文化。但流传下来的《孙子兵法》,还是呈现了某些“吴国特色”,留下诸多“吴文化印记”,也显示了吴文化的特有魅力。春秋后期的吴国,是生机勃勃的新兴国家,是周朝最重要的诸侯国之一,军事文化相当丰厚,在中国首建舟师,兵器精良;思想解放,观念趋新,不受旧“军礼”框框的束缚,实施新的战略战术和诡道战法。吴王阖闾是一位文武兼备、锐意改革、立志强国称霸的开明君主;即位前,多次驰骋沙场,是一位富有深谋大略的军事家。在他的周围,也聚集着一群天下英才。这样的环境,让孙武释怀,让孙武智启,让孙武激越,也使兵法“成长”步入了一个新的更高的起点与阶段;吴文化则乘机而入,在与齐文化的长期碰撞交融之中,走进了孙武的兵学世界,从而推动了“齐《孙子兵法》”向“吴《孙子兵法》”的“进化”。

具体到吴文化对《孙子兵法》的影响,只能从显而易见的“吴国印记”中参悟或放大。其中的“印记”,比如,当时的军事体制,各诸侯国一般都是依照《周礼》，实行“军、师、旅、卒、两、伍”六级编制序列，齐国则是实行“军、旅、卒、小戎、伍”五级军队编制序列。实行“军、旅、卒、伍”四级军队编制序列，是吴国特有的。《谋攻篇》曰：“全军为上，破军次之；全旅为上，破旅次之；全卒为上，破卒次之；全伍为上，破伍次之。”这明显是以吴国军队的编制序列为参照的。又如，《孙子兵法》对国君称“王”，似乎也受到了吴国的影响。吴国建国后，自十九世寿梦开始，“吴始益大，称王”，后延续称“吴王”。齐国国君一直称“公”，孙武离齐奔吴时的国君是齐景公。再如，《孙子兵法》中提到的“诸刿之勇”“以吾度之，越人之兵虽多，亦奚益于胜败哉？故曰：胜可为也，敌虽众，可使无斗”“夫吴人与越人相恶也，当其同舟而济，遇风，其相救也，如左右手”等等，则是明显站在吴国的立场上阐述兵法的。就拿“诸刿之勇”来说，公元前515年，专诸刺死王僚，阖闾称王，对专诸之勇，阖闾感受最深，兵法中提之，明显有推崇阖闾之意。另外，《孙子兵法》中关于地形地貌特征的描述，似乎也较深地受到了吴国独特的水乡泽国环境的影响。

从兵法的战争印痕来看，《孙子兵法》经历了一个战争洗礼的过程。孙武把《孙子兵法》运用到他所指挥的吴国对外战争实践之中，反过来又把战争实践总结所得充实运用到《孙子兵法》的修改完善之中。归隐之后，他在对兵法的反思提炼中，又把吴军破楚入郢之后“不修其功”的教训，以及后来吴王夫差亡国辱师的教训吸收进来，使《孙子兵法》对战争问题的认识更加客观、更加全面。由此可以看出，他的兵法留下吴国战争的诸多痕迹是必然的。具体事例，前面有所提及。

从兵法的版本差异来看，《孙子兵法》经历了一个不断修改的过程。现在人们所看到的《孙子兵法》，主要有两个版本：一是南宋时吉天保辑录于一书，称为《十一家注孙子》的版本；一是宋仁宗元丰年间朝廷编订的《武经七书》版本。这两个版本虽有区别，但出入不是很大，总体字数也差别不多。不过，1972年在山东临沂银雀山汉墓出土的竹简《孙子兵法》，与上述两个主要流行版本还是有区别的。这种区别，或许可以说明，《孙子兵法》经历了一个不断修改的过程。

《史记》记载《孙子兵法》共有十三篇，而《汉书·艺文志》却记载为“八十二篇”，并且还有“图九卷”。对此，主流意见认为是后人托名所为。但从孙武主动解甲归隐的动机与条件看，不排除他在修改完善《孙子兵法》的过程中，既有质的提高，也有量的增加。要知道，尽管从历史上看孙武是因《孙子兵法》而留名的，而从当时的情况看，《孙子兵法》是因孙武“显名诸侯”而扬名的。也就是说，随着孙武协助吴王阖闾伐楚大获全胜后，原来并不为多少人所知所认的《孙子兵法》十三篇，就开始在诸侯国间广为流传，目前所公认的版本主体或许就是孙武归隐前的版本。孙武解甲归隐后，胸有大志的孙武有更多的时间和精力反思战争问题，修改完善甚至发展他的兵法。但随着从政界军界的淡出，修改后的兵法在传播与运用上受到限制，并因十三篇在前，且人们早已形成定论，“吴孙子八十二篇图九卷”难以被更多的人所了解和接受，故而出现《史记》与《汉书》记载上的出入和矛盾。透过这些也可以看出，《孙子兵法》经历了一个多么漫长、曲折的求真过程，它固然比不上唐僧师徒“西天取经”的曲折历程，却有执着求真的异曲同工之美。

（二）真理

西方美学追求的“真”，核心的是“真理”“智慧”。中国美学追求的“真”，与西方美学有本质的区别，但“真理”“智慧”是其题中应有之义。《孙子兵法》是智慧的结晶、真理的凝结，也是真理与智慧在军事领域里的生动化身；它因闪耀着真理与智慧的光芒，更彰显了它的魅力和美感。

战争舞台：让《孙子兵法》的真理光芒展彩露虹。实践出真知。《孙子兵法》揭示的战争本质、战争规律，提出的方略对策，能不能为人们所接受，关键要靠战争实践来说话。孙武到吴国后，伍子胥向吴王阖闾推荐说：孙武“精通韬略，有鬼神不测之机，天地包藏之妙，自著兵法十三篇，世人莫知其能。诚得此任为将，虽天下莫敌，何论楚哉？”尽管吴王对伍子胥很信任，吴王本人也善于“任贤使能”，但历经伍子胥七次推荐后，吴王才同意拜请孙武出山，并在孙武呈上十三篇兵法、操练宫女“面试”后，才任命孙武为将。这说明，吴王对孙武的军事才能、对孙武能否担当大任，当初是持怀疑态度的。

这不能怪吴王阖闾，仗未打谁也难以断言孙武的才华与兵法，即便任用为将，也带有“试用”性质。

孙武上任后，与伍子胥一起帮助吴王阖闾制定了“扰楚疲楚”战略，与伍子胥共同辅佐吴王伐楚五战五捷，攻取了楚国都城郢，取得了伐楚战争的决定性胜利。孙武因协助吴王“西破强楚，北威齐晋”，而“显名诸侯”；《孙子兵法》因在战争实践中的充分运用和精彩表现，而扬名天下。没有舞台，再好的脚本和演员都是枉然。同样，没有吴王阖闾提供给孙武的战争舞台，孙武的智慧和才华就不可能充分展现出来，《孙子兵法》的真理本色、智慧价值就不会生动体现出来，也就不可能为人们所广泛推崇与运用，至于能否传承于世也是个未知数。

人世间的事情就是这样怪，站在和平的角度，战争是个坏家伙，展露的是狰狞丑陋的面孔；站在军事家、军事理论家的角度，战争则是个好帮手，展露的则是“真、善、美”的面容。《孙子兵法》的“真理”之美，来自战争实践的滋养，应感怀战争实践的回眸，感激战争实践的检考，感恩战争实践的推拉，更应感戴战争实践的阅评与褒奖！

岁月淘洗：让《孙子兵法》的真理光芒灵彩升艳。时间，公平无私的时间，让铁杵成针，让滴水穿石，让年轮刻面，让朝代更迭，也让昙花一现，却不能让智慧失色，让真理质变。“滚滚长江东逝水，浪花淘尽英雄。”“千淘万漉虽辛苦，吹尽狂沙始到金。”能经得起岁月淘洗的东西，才是真东西、好东西。时光的飞逝往往让人不堪回首，飞逝的时光又让人顿足凝思。在历史时光的透视之下，人们发现：数千年的时光，不仅没有让《孙子兵法》褪色，反而让它历久弥新，生机盎然，神采飞扬，瑰丽无限。

时间是一面镜子，岁月是一位裁判。几百年的时光，让历史的聚光灯从孙武那里转照在了他的后人孙膑头上。身为齐国军师的孙膑，在解救魏国对赵国的围困作战中，心领神会地运用《孙子兵法》“先夺其所爱，则听矣”的用兵思想，采取“围魏救赵”的作战方针，率军直攻魏都大梁，不仅解除了魏军对赵都邯郸的围困，而且“先处战地”的齐军在桂陵大败魏军，生擒魏将庞涓。十二年后，孙膑在解救魏国对韩国的围困作战中，再次运用《孙子兵法》

“先夺其所爱，则听矣”的用兵思想，以及“能而示之不能”“卑而骄之，佚而劳之”的用兵诡道，并反用《孙子兵法》“佯北勿从”“归师勿遏”“穷寇勿迫”的用兵原则，采取“围魏救韩”“退兵减灶”的作战方针，引诱魏军追击齐军，“以佚待劳，以饱待饥”，在马陵道大破魏军，桂陵之战后被放回魏国、又做将军的庞涓拔剑自刎，魏军上将太子申被俘。从此，孙膑名扬天下。一叶虽难障目，然一叶可以知秋。孙膑的巨大成功，无疑彰显了他的特殊才能和超人智慧，同时也有力地见证了《孙子兵法》从春秋时期到战国时代的价值升华。后来，《孙子兵法》被誉为“兵学圣典”，在宋代被列入《武经七书》之首，更进一步凸显了它的真理价值与思想魅力。

如果说《孙子兵法》在冷兵器时代光彩照人的话，那么在热兵器时代乃至信息化战争时代，它所揭示的规律、提出的一系列思想则更加耀眼生辉。比如，几十年来，中国共产党领导下的人民武装，其成功无比的战略战术、战法对策，许多都可以从《孙子兵法》中找到影子，找到灵魂。又如，《孙子兵法》中最著名的“伐谋”“伐交”“不战而屈人之兵”的方针，已经成为世界上大国博弈的首选之策，成为化解军事纠纷的公认原则。《孙子兵法》的许多“知胜”思想，已经升华为当今信息战的重要原则。英国空军元帅约翰·斯莱瑟在《中国的军事箴言》一文中指出：“孙子引人入胜的地方是他的思想多么惊人的‘时新’——把一些语句稍加变换，他的箴言就像是昨天刚写出来的。”前些年的时候，美国国防工业学院院长何因斯曾到我国防大学做关于“美国数字化部队建设”的报告，一开始他就说：“如果说我们为什么要加强数字化部队建设的话，我们只能说，我们是遵循了孙子的‘知彼知己，百战不殆’的教诲。”2500多年前，生活在“丘牛大车、甲胄矢弩”时代的孙武，竟有信息化时代信息作战的思维理念，足见其思维的穿透力和生命力是何等强劲，足见其理论的真理特质是何等“耐磨”和坚挺！

域外张力：让《孙子兵法》的真理光芒升彩增值。一个不争的事实是，今天的《孙子兵法》，不但属于中国，而且已经成为世界优秀文化宝库中的璀璨瑰宝；不但是谋划兵事、指导战争的兵学圣典，而且早已成为治国理政、外交经略、企业经营、体育竞技乃至为人处事的神奇指南。《孙子兵法》在国外、在非军事领域的影响，比在国内、在军事领域更活跃，更具渗透力。日本坂井末雄的观点颇具代表性，他说："《孙子》十三篇在兵书上固是不朽，即在外交术上、社交术上，亦为万世不易的定理。"世界上许多政治家、外资家、金融家、企业家、哲学家、文学家，竞相研习《孙子兵法》，从中汲取智慧，领悟规律，寻求真理，用以指点迷津，把"兵学圣典"拓展升华为"政治秘诀""战略指南""外交教科书""人生哲学""商战要诀"等等。《中国军事思想教程》指出："孙子提出的一些重要的战争与军事原则，一些重要的理论和原则对国家的政治、文化和科技有着重要意义，适用于人类社会生活的各个方面。古代中国兵书《孙子兵法》证明兵法不仅仅对军事事务有重要的指导作用，而且对非军事领域，如政治和商业也有重要的科学价值。"1996年，美国哈佛大学57名著名学者，共同评选"世界四千年十大名著"，《孙子兵法》荣膺榜中。

中国是世界文明古国，中华文化包罗万象、博大精深，在世界文化殿堂占有分量很重的一席之地，但历史上像《孙子兵法》这样，认同面如此之广、推崇性如此之强、学研用如此之深、影响力如此之大的文化载体，还是极为少见的。从历史上看，东西方文化相冲突、难交融是不争的事实，而《孙子兵法》能够超越"冲突圈"，融入"共享圈"，就在于它那真理的普世性、不朽性。

（三）真人

至人、真人、神人、圣人，是《庄子》里经常出现的四个词。对真人，庄子说："纯粹而不杂，静一而不变，淡而无为，动而天行，此养神之道也……故素也者，谓其无所与杂也，纯也者，谓其不亏其神也，能体纯素，是谓真人。"（《刻意》）张法《中国美学史》认为："至人和真人是庄子的理想，神人是远古的传统，圣人是多方面的综合。""庄子的理想形象，不仅是至人、真人、神人，还有或残疾或畸形或极丑而又达到很高德行的人。"孙武或许离庄子理想中的"真人"有一定差距，但他是具象化的"真人"，是兵学界首屈一指、难望其项背的"真人"。

真情。孙武出身大夫世家，是将门之后，是一个既心系天下又颇接地气的有志、有才、有情杰俊。他是抱着“兵者，国之大事，死生之地，存亡之道，不可不察”“亡国不可以复存，死者不可以复生”的家国情怀，研究战争、对待兵事的；是以“唯人是保，而利合于主”的责任担当，争取“全胜”、谋求“全利”的；是基于“役不再籍，粮不三载”“国之贫于师者远输，远输则百姓贫”的体谅与体贴，提出原则、阐明对策的。“自古言兵非好战。”这话用在孙武身上，最为贴切。正是这种真情，让“慎战”成为《孙子兵法》的理论基础和逻辑起点；正是这种真情，让“不战而屈人之兵”成为《孙子兵法》的战略首选；正是这种真情，让“先胜”“易胜”“速胜”成为《孙子兵法》的孜孜追求；正是这种真情，让《孙子兵法》高度关注“费留”问题；等等。

真知。孙武探索兵学、研究兵法，秉持求知、求是、求真的理念，追求一种至深、至透、至新、至用的境界，没有一知半解，没有浅尝辄之，没有华而不实，也没有哗众取宠。孙武为了探求真知，在相关知识、相关专业、相关理论的学习钻研上，下足了功夫，涉猎范围之广，猎取精华之深，融会贯通之妙，相匹及者不多。他不满足于一时一段的所得，不沉溺于鲜花与掌声的认可，不轻易地对自己的研究成果下结论，而是把对战争问题的研究，纳入一个不断深化、不断完美的轨道，一直在走，一刻不停地向前在走，哪怕功成名就、归隐乡间之后。

真言。孙武是一位人言合一的人，敢说真话、善吐真言，是他的人品，也是他的学术风格。他敢于向君王说真话，强调“将能而君不御者胜”，主张“君命有所不受”；“妄言”“不知敌之情者，不仁之至也，非人之将也，非主之佐也，非胜之主也”，提出“先知者，不可取于鬼神，不可象于事，不可验于度，必取于人”等等。在吴国任将后，吴王阖闾眼看着伐楚的条件越来越成熟了，一再动议对楚用兵，而孙武一谏再谏，让吴王放弃了用兵计划；同时，建议吴王实施并持续推进“扰楚疲楚”的战略，耐心等待时机。六年后，直到他认为“万事俱备，只需下令”的时刻，才建议向楚国开战。最终，真言变成了真胜，真胜变成了真理。吴王阖闾去世、夫差上台后，深谙夫差之性的孙武又向伍子胥直言，此处不可久留，应速远去。十分可惜的是，当伍子胥下定决心要离吴奔齐时，已经来不及了。哲学上总是讲“对立统一”。现实就是这样，没有了“对立的面”，哪还有“统一的局”。孙武的真言，便这样化作了历史的真律：“狡兔亡，走狗烹。”

真为。知行统一，在孙武身上有鲜明生动的体现。说一套做一套，那不是孙武的秉性、孙武的风格、孙武的风采。被吴王点将训宫嫔，孙武则如《地形篇》“厚而不能使，爱而不能令，乱而不能治，譬若骄子，不可用也”所言，如《行军篇》“令之以文，齐之以武，是谓必取”所说，对嬉笑无肃、不听劝导的宫女断然出手，上演了“吴宫斩宠嫔”的一幕。孙武在吴国为将，协助吴王筹划指挥一系列作战行动，有主见、敢担当、真作为，不负众望，不辱王托，成就了阖闾，也成就了自己。王国维《人间词话》说：“古今成大事业大学问者，必经过三种之境界。‘昨夜西风凋碧处，独上高楼，望尽天涯路’，此第一境也。‘衣带渐宽终不悔，为伊消得人憔悴’，此第二境也。‘众里寻他千百度，蓦然回首，那人却在灯火阑珊处’，此第三境也。”孙武无疑是经过了此三种境界的人。

我们不得不由衷地说：孙武子，响当当的“真人”，好样的！

“人品既已高矣，气韵不得不高，气韵既已高矣，生动不得不至。”最后，借用郭若虚《图画见闻志》里的这段话，作为本题的结语。

二十一 “兼”之美

《说文》曰：“兼，并也。”兼，既有“并列”之意，也有“加倍”之涵。兼，意味着全面，意味着平衡，意味着坚韧，也意味着高效。人们通常讲的文武兼备、德才兼有、品学兼优、军民兼容、统筹兼顾、严慈兼怀、义利兼得，以及日夜兼程、风雨兼行等中的“兼”，清澈分明地透着灵性之美、智慧之美、力量之美，让人敬仰，让人羡慕，让人追随，当然有时也难免会让人平添几分嫉妒。在中国传统文化中，“兼”常常成为美的元素和标志。比如，钟嵘论诗，评曹植：“骨气奇高，词采华茂，情兼雅怨，体被文质。”（钟嵘《诗品》）谢赫论画，评陆探微：“穷理尽性，事绝言象，包前孕后，古今独立。”评陆绥：“体韵遒举，风采飘然，一点一拂，动笔皆奇。”（谢赫《古画品录》）“兼”之美的味道升腾其间。

兵家历来看重这个“兼”字。就拿“攻防兼备”来说，它是一种协调美、平衡美，也是一种战争艺术美。孙武以“兼天下”的情怀与心智研兵思战，《孙子兵法》以“兼思维”的旷达与高迈言兵论战，谱写了一曲撩人心弦的“兼美”乐章。

（一）刚柔兼揽

《列子·黄帝》中说：“欲刚，必以柔守之；欲强，必以弱保之。积于柔必刚，积于弱必强。观其所积，以知祸福之向。强胜不若己，至于若己者刚；柔胜出于己者，其力不可量。”这就是刚柔的辩证法。在中国传统美学中，阳刚是一种美，阴柔也是一种美，既刚又柔、刚柔相济是二美兼得，可谓美上加美。《孙子兵法》初成于北方的齐国，成熟于南方的吴国，刚健进取的齐文化和崇柔尚静的南方文化交汇影响，奠定了它柔中有刚、刚中有柔、刚柔融合的个性基础。打个比方，如果说鲁迅的文风是大刀长戟，弟弟周作人的文风是细雨和风的话，那么，《孙子兵法》的风格就是鲁迅与周作人两人的嫁接。前者刚性挺拔，演讲与行文直击要害，常常让对手既无招架之功，又无还手之力；而后者虽看起来舒徐自在，但柔力如鞭，打过去如秋风扫叶。品读《孙子兵法》，总有一种周家兄弟两种威力兼而衔之的感觉，既让人奔放、飒爽，又让人飘逸、优雅。

清人姚鼐在《惜抱轩文集》中说："其得于阳与刚之美者，则其文如霆，如电，如长风之出谷，如崇山峻涯，如决大川，如奔骐骥……其得于阴与柔之美者，则其文如升初日，如清风，如云，如霞，如烟，如幽林典涧，如沦，如漾，如珠玉之辉……"如果用这段话来评价《孙子兵法》的刚柔美，是再准确到位不过了。

1.力与巧交相呼应。《孙子兵法》崇力，从"以镒称铢"到"兵之所加"，从"以众击寡"到"治力"之策，从"先为不可胜"到"胜者之战民也，若决积水于千仞之溪者"，无不流荡着一种力压于敌的慷慨激越之气。然而，孙武对战争规律的认识是辩证的，在他的战争哲学里，力之坚与巧之柔是不可分离的，任何一方都是不可或缺的。

古代圣人，常借水来揭示哲理，比如老子，比如孔子。刘向《说苑·杂言》记载："子贡问曰：'君子见大水必观焉，何也？'孔子曰：'夫水者，君子比德焉。遍予而无私，似德；所及者生，似仁；其流卑下，句倨皆循其理，似义；浅者流行，深者不测，似智；其赴百仞之谷不疑，似勇；绵弱而微达，似察；受恶不让，似包；蒙不清以入，鲜洁以出，似善化；至量必平，似正；盈不求概，似度；其万折必东，似意：是以君子见大水观焉尔也。'"

"兵形象水"，借水可以言兵；水中有力，借水可以制胜。大智慧者孙武言兵，理所当然是不会放过水的，《孙子兵法》就多处涉及水。不过，孙武看水不像老子。《老子·七十八章》说："天下莫柔弱于水，而攻坚强者莫之能胜，以其无以易之。弱之胜强，柔之胜刚，天下莫不知，莫能行。”与老子只看到水柔弱的一面，一味强调柔弱胜刚强明显不同的是，孙武不仅看到了水“避高而趋下”“水因地而制流”的柔弱，也看到了“激水之疾，至于漂石者”的强大。所以，在《孙子兵法》里既有诸如“避实而击虚”之巧，又有势不可当之锐。

《孙子兵法》以刚力为经，以柔巧为纬，织就了一张张高成色、高质地的画布；又以刚力做底色，以柔巧为画笔，描摹了一幅幅美不胜收的图画。《势篇》曰：“战势不过奇正，奇正之变，不可胜穷也。奇正相生，如循环之无端，孰能穷之？”这是力与巧的精妙转换。《军争篇》曰：“以近待远，以佚待劳，以饱待饥，此治力者也。”这是力与巧的相长互动。《行军篇》曰：“兵非益多也，惟无武进，足以并力、料敌、取人而已。”这是力与巧的完美组合。《军争篇》曰：“故用兵之法，高陵勿向，背丘勿逆，佯北勿从，锐卒勿攻，饵兵勿食，归师勿遏，围师必阙，穷寇勿迫，此用兵之法也。”这是力与巧的智慧转切。《九地篇》曰：“故为兵之事，在于顺详敌之意，并敌一向，千里杀将，此谓巧能成事者也。”这是力与巧的交相辉映。

《逸周书·柔武解》中谈道：“善战不斗，故曰柔武。”《逸周书·补注》还说：“吾取天下，以柔得之，此柔武之道也。”这种“柔武”，是力与巧交相呼应的最高表现形态，核心是“善战不斗”。其美恰如洪兵《东方战略学》所说：“在古代人的眼中，血淋淋的‘武’字，变成了姑娘纤细手中的绣花针。”这种“柔武”，这种“善战不斗”，体现在《孙子兵法》里，就是“伐谋”“伐交”，就是“不战而屈人之兵”。“不战”，或者有限性、低强度的“战”，既是智的博弈，也含力的威慑，它以柔巧来唱红脸，以刚力来唱黑脸，凭借这种“二人转”，来实现“兵不顿而利可全”的最高境界。也就是说，孙武的“不战”是以“能战”“胜战”为依托、做支撑的，没有相当的军事实力，“不战”永远是水中之花、镜中之月；离开了实力谈“全胜”，只能是一厢情愿地扯淡。这正如他在《九地篇》所说：“夫霸，王之兵，伐大国，则其众不得聚；威加于敌，则其交不得合。是故不争天下之交，不养天下之权，信己之私，威加于敌，故其城可拔，其国可隳。”这是力与巧的神奇转化。要说“柔武”，这才是最高层级的“柔武”。

同时，《孙子兵法》十分重视打心理战，强调通过攻击敌心理，来削弱敌士气，瓦解敌斗志，动摇敌军心，迫使敌就范。《军争篇》曰：“故三军可夺气，将军可夺心。是故朝气锐，昼气惰，暮气归。故善用兵者，避其锐气，击其惰归，此治气者也。”在孙武看来，“夺气”“夺心”或许先于、重于“夺命”。要说“柔武”，这也是一种十分重要的“柔武”。

2.文与武并驾齐驱。孙武在《行军篇》中提出了著名的“令之以文，齐之以武”的治军思想。其基本含义就是，在军队治理上要恩威并施，严慈相济。他认为，在治军问题上，文、武二者不可或缺、不可偏废，既需要通过教化手段达到军令畅通、士气高昂，又需要通过法规约束手段达到部队整齐划一、步调一致。文武之道，一张一弛，一柔一刚，互动互补，相得益彰，谁运用得好，谁的部队就带得好，谁就会战无不胜。在《地形篇》中进一步强调：“厚而不能使，爱而不能令，乱而不能治，譬若骄子，不可用也。”《孙子兵法》就治军的文武相济之道，提出了三个方面的思想。

教化为先的思想。《孙子兵法》在治军带兵上讲文武兼备、文武相济，是有先有后、有轻有重的，那就是“文”居首位，“武”以跟进。在《行军篇》中指出：“卒未亲附而罚之，则不服，不服则难用也。卒已亲附而罚不行，则不可用也。”强调先用“文”的手段令士卒亲附，然后再对违纪人员行惩罚之措，反对“未亲”即罚。但同时也认为，如果士卒已经亲附，统军带兵者仍不能对违纪人员施以严肃惩罚，那么这样的军队就不能用于作战，也难以担当重任。

养成为重的思想。孙武在《行军篇》提出：“令素行以教其民，则民服；令不素行以教其民，则民不服。”意思是说，平时的命令能够得到严格执行，并以此管教士卒，士卒就会养成服从的习惯；平时的命令不能得到执行，并以此管教士卒，士卒就会养成不服从的习惯。由此可见，好的习惯、好的作风、好的素质，是教出来的，也是管出来的，更是平时一以贯之“养”出来的，文武两招都必须着眼于平时的良好养成下功夫。

上下相得的思想。“令民与上同意”者得道，“齐勇若一”者得力，“上下同欲”者得胜。孙武提出的“与众相得”“齐勇若一，政之道也”的思想，强调的是军队内部的融洽与和谐，关注的是部队的凝聚力，追求的是“可用”与“必胜”。“令之以文，齐之以武”的最高目标就是“与众相得”，在“相得”中积聚更高的能量，焕发更强的战斗力。

3.静与动各领风骚。孙武在《九地篇》收尾之时，鲜明地道出了什么时候该静、什么时候该动，并形象地立起了静与动的标杆，那就是：“是故始如处女，敌人开户，后如脱兔，敌不及拒。”孙武以“处女”喻静，以“脱兔”喻动，说明静的本性是柔，动的本性是刚，静与动的问题说到底就是柔与刚的问题。在孙武看来，知静知动，会静会动，用兵才能行云流水、措置裕如，才能立于不败之地。《谋攻篇》曰：“故用兵之法，十则围之，五则攻之，倍则分之；敌则能战之，少则能逃之，不若则能避之。故小敌之坚，大敌之擒也。”《形篇》曰：“不可胜者，守也；可胜者，攻也。”《行军篇》也提出了“兵非益多也，惟无武进”的用兵主张。这就是说，要根据敌我力量对比来确定动与静。如有攻的本钱、攻的把握，就要勇往直前，以动制静；如果实力不足，取胜的把握不大，就要采取守势，以静制动；力量处于绝对劣势的时候，宁可撤退，也不要逞强硬拼，甚至冒险轻动、穷兵黩武。识时务者为俊杰。该取则取，该舍则舍，该动则动，该静则静，才是上智者。

（二）虚实兼行

先秦哲学家荀子在《乐论》中说：“不全不粹不足以谓之美。”对此，现代美学大师宗白华在《美学散步》里论道：“由于‘粹’，由于去粗存精，艺术表现里有了‘虚’，‘洗尽尘滓，独存孤迥’。由于‘全’，才能做到孟子所说的‘充实之谓美，充实而有光辉之谓大’。‘虚’和‘实’辩证的统一，才能完成艺术的表现，形成艺术的美。”中国传统美学把全和粹、虚和实辩证的统一，视为艺术的最高境界、最高成就，源于中国古代的宇宙观是空（虚）和实（物质）的统一，是一种虚实相生的空间意识。曾祖荫《中国古典美学》指出：“中国人和西方人都爱空间之美，然而在精神意境上有所不同：西方人主张焦点透视，强调物理、数学的空间，中国人则主张散点透视，强调虚实相生的空间。”“中国山水画还重视虚与实在一定条件下的相互联系与相互转化，从而使形象生生不穷，具有引人入胜的空间之美”。清人笪重光《画荃》说：“实景清而空景现”，“真境逼而神境生”。“虚实相生，无画处皆成妙境。”清人邹一桂《小山画谱》说：“实者逼肖，则虚者自出。”

《孙子兵法》尽显虚实的智慧。它对敌方的虚实之察、虚实之致、虚实之乘，对己方的虚实之布、虚实之转、虚实之用，堪称绝妙。唐太宗李世民说得好：“孙武十三篇，无出虚实。夫用兵识虚实之势，则无不胜焉。”《孙子兵法》的虚实之美，生动地体现在强与弱、有与无、隐与秀、真与假的对立统一关系之中。

强与弱，对军队而言，涵盖了强军与弱伍、强势与弱态、主动与被动的对弈，是实与虚的一种存在形态。从这种意义上讲，强与弱的关系，也是力量的大与小、态势的优与劣、战局的利与危的关系。《孙子兵法》主张“胜兵若以镒称铢，败兵若以铢称镒”，强调“以近待远，以佚待劳，以饱待饥”，追求“致人而不致于人”，等等，此乃以强对弱，以实制虚；倡导“怒而挠之，卑而骄之，佚而劳之，亲而离之”，指出“以吾度之，越人之兵虽多，亦奚益于胜败哉”，推崇“所谓古之善用兵者，能使敌人前后不相及，众寡不相恃，贵贱不相救，卒离而不集，兵合而不齐”，等等，此乃化敌强为弱，化敌实为虚；阐明“夫霸、王之兵，伐大国，则其众不得聚；威加于敌，则其交不得合。是故不争天下之交，不养天下之权，信己之私，威加于敌，故其城可拔，其国可隳”，此乃恃强凌弱，借实遏虚；主张“兵非益多也，惟无武进，足以并力、料敌、取人而已”，等等，此乃择强迎弱，度实对虚。

有与无，体现了道的双重属性。老子认为，天地万物都是“无”和“有”的统一，“虚”和“实”的统一。老子的这种思想，对中国古典美学的发展影响很大。有与无体现在中国艺术中，就是“留白”。刘熙载《艺概·诗概》说：“律诗之妙，全在无字处。”《艺概·词曲概》说：“词之妙莫妙于以不言言之。”宗白华《美学散步》指出：“中国画是线条，线条之间就是空白。”“中国画很重视空白。如马远就因常常只画一个角落而得名‘马一角’，剩下的空白并不填实，是海，是天空，却并不感到空白。空白处更有意味。中国书法家也讲布白，要求‘计白当黑’。中国戏曲舞台上也利用虚空，如‘刁窗’，不用真窗，而用手势配合音乐的节奏来表演，既真实又优美。中国园林建筑更是注重布置空间、处理空间。这些都说明，以虚带实，以实带虚，虚中有实，实中有虚，虚实结合，这是中国美学思想中的一个重要问题。”

《孙子兵法》的有与无，首先体现在“争”与“不争”、“战”与“不战”上。《孙子兵法》虽然是关于战争的学说，但它着眼于维护和平而谈论战争问题，由“不争”出发而谈“争”，与中国“止戈为武”的传统文化是一脉相承的。《孙子兵法》提倡“不战而屈人之兵”，强调“全国”“全军”“全旅”“全卒”“全伍”，追求“兵不顿而利可全”的至高目标。这种“不战”就是“无”。但孙武在追求“全”的同时，又辩证地提出了“破”的概念，因为不破之“全”毕竟是一种理想化的追求，“破”才是战争的常态，许多情况下，局部的、适度的“破”往往是为了实现整体的、全局性的“全”。这种“破战”就是“有”。

《孙子兵法》的有与无，还体现在“有所为，有所不为”上。《军争篇》说：“故用兵之法，高陵勿向，背丘勿逆，佯北勿从，锐卒勿攻，饵兵勿食，归师勿遏，围师必阙，穷寇勿迫，此用兵之法也。”这里集中体现了“有所不为”的思想；而从“围师必阙”本身来看，是“有所为”，也“有所不为”。《九地篇》主张的“涂有所不由，军有所不击，城有所不攻，地有所不争，君命有所不受”，是典型的“有所为”背景下的“有所不为”。

《孙子兵法》妙计很多，但许多妙计又充满玄妙，无可见、可操之法。比如，《九地篇》曰：“运兵计谋，为不可测。”《计篇》曰：“此兵家之胜，不可先传也。”《形篇》曰：“胜可知而不可为。”“善攻者，敌不知其所守；善守者，敌不知其所攻。”这种“不可测”“不可先传”“可知而不可为”“敌不知”，锦囊乍露还隐，引人深思。又如，《形篇》曰：“善守者，藏于九地之下；善攻者，动于九天之上，故能自保而全胜也。”《势篇》曰：“善出奇者，无穷如天地，不竭如江河。”这种“九地”与“九天”、“无穷”与“不竭”，如“道”之神幽，高深莫测。再如，《虚实篇》曰：“微乎微乎，至于无形，神乎神乎，至于无声，故能为敌之司命。”“故形兵之极，至于无形；无形，则深间不能窥，智者不能谋。”这种“无形”“无声”，当然离不开有形、有声的妙策，而这种妙策又无踪无迹，只能让人去悟。然而，“无法之法，乃为至法”。这正是孙武的“善之善者也”。

《孙子兵法》不仅善于传授“无法之法”，而且擅长变有为无、变无为有。比如，《计篇》提出“实而备之，强而避之”，《谋攻篇》提出“少则能逃之，不若则能避之”，《形篇》提出“不可胜者，守也”，就是在局势不利、敌人胜券在握的情况下，不逞强好胜，追敌失去获取胜利的机会。又如，《军争篇》指出的“故三军可夺气，将军可夺心。是故朝气锐，昼气惰，暮气归。故善用兵者，避其锐气，击其惰归，此治气者也”，如曹刿所言，“夫战，勇气也。一鼓作气，再而衰，三而竭。彼竭而我盈”，就是等敌士气“三而竭”的时候再发动攻击，一举获胜。这种变有为无，充满理智，充满灵性，充满胆识，非常难能可贵。在变无为有上，《九地篇》强调：“故兵之情：围则御，不得已则斗，过则从。”又指出：“投之亡地然后存，陷之死地然后生。夫众陷于害，然后能为胜败。”这深刻反映了害利转换、死生转换、败胜转换的哲理，也揭示了无有转换的规律。

隐与秀，主要是借用“隐秀”这一美学范畴来揭示战争中的隐与现，把握其中的谋略内涵，欣赏其中的美学圣景。“隐秀”，是刘勰在《文心雕龙》中提出的最为重要的美学范畴。对此，宋代的张戒在《岁寒堂诗话》中引用了《隐秀篇》的两句话（《隐秀》现存残篇中所缺失）：“情在词外曰隐，状溢目前曰秀。”所谓“秀”，是指审美意象鲜明生动、直接可感的性质。清代冯班说：“秀者章中迫出之词，意象生动者也。”所谓“隐”，一方面是指“情在词外”，“隐者，不可明见也”，即如钟嵘所言：“言在耳目之内，情寄八荒之表”。也如唐代司空图所言：“不着一字，尽得风流”。一方面是指审美意象的多义性，刘勰说：“隐也者，文外之重旨也。”“隐以复意为工。”对此，刘禹锡说：“片言可以明百意，坐驰可以役万景，工于诗者能之。”金圣叹说：“不会用笔者一笔只作一笔用，会用笔者，一笔作百十来笔用。”从中可以看出，“秀”说的是文学作品的具体生动的形象；“隐”说的是文学作品不直接说出来的多重的情意。二者是既对立又统一的范畴，“隐处即秀处”。

《孙子兵法》的隐与秀，或说隐与现，体现的是虚实之美，也流露出“隐秀”之美。所谓“现”，就是军事力量、军事行动的“明见”。这是无奈之状，因为即使再有效的隐蔽之策，也难以完全避开他人的耳目，毕竟《孙子兵法》的重“知”、重“间”思想，是战争规律的必然反映，也是人们的共识；有些情况下，“现”也是有意之举，因为实现“不战而屈人之兵”的战略意图，离不开强大力量的主动展露。因此，这种“现”，主要指“现形”，但也含有“现效”之意。说到“隐”，想起《淮南子·兵略训》的一段话：“兵贵谋之不测也，形之隐匿也，出于不意，不可以防备也。谋见则穷，形见则制。故善用兵者，上隐之天，下隐之地，中隐之人。”就是说，要善于借助和利用天时、地利、人和等条件来“藏形循影”。所谓“隐”，如同“隐秀”中的“隐”，也有多义性特征。也就是说，这种“隐”，有相对的“全隐”，有局部的“择隐”，也有似隐似现的“幽隐”，甚至还有“空城计”式的“假隐”。隐与现，也是对立统一的，只有“隐”得好，才能“现”得好，从某种意义上或者可以说“隐处即现处”。

《孙子兵法》特别强调达成进攻的突然性，《计篇》提出了“攻其无备，出其不意”的重要思想，《虚实篇》提出了“出其所不趋，趋其所不意”的用兵原则，《九地篇》提出了“顺详敌之意，并敌一向，千里杀将”的战略突袭思想。如何才能达成这种突然性呢？核心就是一个“隐”字。一方面，通过隐蔽企图达成突然性。对此，《虚实篇》指出：“故形兵之极，至于无形；无形，则深间不能窥，智者不能谋。”又进一步指出：“因形而错胜于众，众不能知；人皆知我所以胜之形，而莫知吾所以制胜之形。故其战胜不复，而应形于无穷。”从中可以领悟到如何隐蔽作战意图、作战秘籍的真谛与诀窍。另一方面，选择对方难以预料的进攻时间、路线、方式和目标达成突然性。《虚实篇》指出：“行千里而不劳者，行于无人之地也。攻而必取者，攻其所不守也；守而必固者，守其所不攻也。”又指出：“故知战之地，知战之日，则可千里而会战；不知战地，不知战日，则左不能救右，右不能救左，前不能救后，后不能救前，而况远者数十里，近者数里乎？”《九地篇》强调：“乘人之不及，由不虞之道，攻其所不戒也。”应该说，这两个方面的“隐”，有时都需要一定的“现”。比如“声东击西”战法，“击西”是“隐”，“声东”是“现”，“声东”是为了实现“击西”。《九地篇》所说的“顺详敌之意，并敌一向，千里杀将”，就是通过假装顺从敌人的意图，麻痹或调动敌人，以达成集中兵力于一个方向，千里擒杀敌将的战略突袭目标。这里的假装顺从，就需要一定的“现”来配合。归根结底，“隐”好了，功效也就“现”出来了。

真与假，在美学上链接的是真善美与假恶丑，前者是美，而后者为不美。然而，在战争这个特殊领域里，真亦美来假亦美。《孙子兵法》就鲜明提出：“兵者，诡道也。”“故兵以诈立……”谋略里充满美，“诡诈”作为谋略的主要表现形态，精妙运用之中理所当然也会透着大美、至美。诸葛亮的“空城计”可谓假到家了，然而，谁能说它不美呢？恐怕连被蒙骗的司马懿，暗地里也会为它叫好，为老对手点赞。

战争中的真与假，主要体现在“示”上，通过“示形”让敌以假为真，牵敌按照自己的意愿来感知自己，做出错误的判断与决策，从而为己方有针对性出招所用。《淮南子·兵略训》指出：“示之以柔，而迎之以刚；示之以弱，而乘之以强；为之以翕，而应之以张；将欲西，而示之以东。”这样的战例很多。后唐同光三年（925），任圜以副招讨使的名义伐蜀，班师的路上，正遇到康孝延据莫州（今河北任丘）反叛。掌书记张砺向任圜建议，将精兵暂时隐伏在后，先率老弱部队出击，以引诱敌人。任圜当即依计而行。任圜是个儒生，康孝延本来就不把他放在眼里，看到任圜带的都是老弱残兵，便更加麻痹大意。战斗进行到最激烈的时候，任圜突然发出精兵夹击叛军，康孝延猝不及防，被打得蒙头转向，束手就擒。

《孙子兵法》对真与假的把握、对“示形”的运用，可谓到了炉火纯青的地步。它主张通过“示力”“示位”“示动”，让敌真假不分、虚实不辨，做出错误判断；或是造成真真假假、假假真真的局面，让敌无从判断，在以假乱真中隐蔽己方真实意图与行动。还主张通过“示利”，诱使敌人以假当真，利令智昏，为我所用。《计篇》曰：“兵者，诡道也。故能而示之不能，用而示之不用，近而示之远，远而示之近。”《势篇》曰：“善动敌者，形之，敌必从之；予之，敌必取之。以利动之，以卒待之。”这方面的成功战例也很多。

宋文帝元嘉八年（431），都督檀道济奉命统兵救援滑台，与北魏军相持。檀道济先后率军作战三十余次，由于军中粮尽，转动不继，被迫撤军。这时军心动摇，有士卒逃往北魏军之中。北魏军从降卒口中得知檀道济军中无粮，准备追击，并派间谍前往刺探。于是，檀道济利用夜色，在营中组织士卒唱筹量沙，假装粮食十分充足。天明的时候，又命令士卒全部披甲，自己则穿了一身白衣，坐于车中，引兵慢慢出了营帐。北魏军见状，以为宋军军粮有余，而且行动有序，担心设有埋伏，便杀了宋军的降卒，也不敢追击宋军。宋军于是全军而返。与当年孙膑“减灶示弱”——“能而示之不能”不同的是，檀道济是“掩虚示强”——“不能而示之能”。一正一反运用，二者具有异曲同工之妙，均堪称“示形”高手，不枉名将之誉，不虚历史风流。

（三）专分兼统

《三国演义》讲曹操青梅煮酒论英雄，曹操说了这样一段话：“龙能大能小，能升能隐；大则兴云吐雾，小则隐介藏形；升则飞腾于宇宙之间，隐则潜伏于波涛之内。方今春深，龙乘时变化，犹人得志而纵横四海。龙之为物，可比世之英雄。”中国龙文化的一个十分重要的理念，就是能大能小，能屈能伸，能升能隐。这种能大能小，就涵盖了哲学范畴体系中能聚能散（聚与散）这个对立统一的范畴。在古代战争两军对阵的宏大场面中，双方战阵的时聚时散，既迸发着灵性变化之力，又散透着灵巧变换之美。在当今一些大型活动的开（闭）幕式演出中，经常看到聚散自如、美轮美奂的群体性表演节目，那种震撼心灵的变幻魅力，是其他任何形式的表演所无法替代的。

在军事领域，聚与散也被称为专与分。对此，从《孙子兵法》对聚与专、散与分的混用中就能看得出来。比如，《军争篇》说：“凡用兵之法，将受命于君，合军聚众，交和而舍，莫难于军争。”《九地篇》说：“凡为客之道：深则专，浅则散。”专与分，意味着军事力量存在形态的聚与散，决定着一定的时空内双方作战力量的对比，直接关系着作战的胜负，是一个极为重大的战略问题。对此，孙武在《虚实篇》中一针见血地指出：“故形人而我无形，则我专而敌分。我专为一，敌分为十，是以十攻其一也，则我众敌寡。”

宋明理学家王夫之在论述聚与散的辩证关系时谈道："聚于此者散于彼，散于此者聚于彼，浊入清而体清，清入浊而妙浊，而后知其一也。"（《思问录·内篇》）这说明，战争中必须把"我专"与"敌分"放到一体统筹考虑，就像孙武在《军争篇》所说的，"以分合为变者也"。

中国古代战争中，朱元璋所采取的"高筑墙，缓称王"的战略，就生动诠释了"我专敌分"的战略思想。在朱元璋夺占皖南时，儒生朱升向朱元璋阐述了自己对时局与战略的独到看法。他认为，元朝虽然内部矛盾重重，但总体军事力量仍然庞大，北方的刘福、长江下游的陈友谅，力量均比朱元璋强。东方的张士诚力量也不在朱元璋之下。在这种情形下，必须采取"高筑墙，广积粮，缓称王"的战略。"高筑墙"和"广积粮"，可以积蓄自己的力量；"缓称王"，则可以把元朝大部分的军事压力转移到别人身上，同时造成自己对手之间的矛盾与残杀。这样，对朱元璋来说，前者实现了"我专"，后者则实现了"敌分"。战争的进程与结局表明，这一战略构想不仅成为现实，而且为明王朝的建立奠定了坚实基础，也发挥了决定性的作用。

"我专敌分"，是《孙子兵法》"致人而不致于人"思想的具体体现，关键是一个"致"字。在"我专"上，核心之处就在于我如何"致"——实现"集中兵力"。《行军篇》指出："兵非益多也，惟无武进，足以并力、料敌、取人而已。"就是说，兵力不在于有多少，主要看是不是能够集中起来使用。《九地篇》说："故为兵之事，在于顺详敌之意，并敌一向，千里杀将，此谓巧能成事者也。"这里至关重要的一点，也是集中兵力。毛泽东就说过："中国红军以弱小者的姿态出现于内战的战场，其迭挫强敌震惊世界的战绩，依赖于兵力集中使用者甚大，无论哪一个大仗，都可以证明这一点。"拿破仑也说过，在战争中，胜利属于懂得怎样在决定性的地点集中最大兵力的一方。毛泽东、拿破仑的集中用兵思想，难说没有或直接或间接地受到了《孙子兵法》"我专敌分"思想的影响。

那么，究竟如何实现"我专"呢？孙武给出的答案首先是"有所备有所不备"。《虚实篇》指出："故备前则后寡，备后则前寡，备左则右寡，备右则左寡，无所不备，则无所不寡。寡者，备人者也；众者，使人备己者也。"就是说，要把主要兵力集中到一定的时空，在兵力的投入、部署与使用上，要有所备有所不备、有所为有所不为。《九变篇》“涂有所不为，军有所不击，城有所不攻，地有所不争”的思想，就深刻揭示了这其中的奥妙。

实现“我专”，既要重视兵力上的集中，也要关注形神上的集聚。各自为政、一盘散沙的军队，“聚”不起来，也就“专”不起来。为此，《九地篇》强调：“故善用兵者，譬如率然。率然者，常山之蛇也。击其首则尾至，击其尾则首至，击其中则首尾俱至。”“故善用兵者，携手若使一人，不得已也。”《军争篇》指出：“以治待乱，以静待哗，此治心者也。”这种“治心”，目的就是聚心聚神，当然也属“专”的内涵。

实现“我专”的意图，还需要一边“隐形”一边“补虚”做保障。所谓“隐形”，就是要隐蔽我军集中兵力的真实意图与力量部署情况，让敌人看不出我在何时、何地、何种程度上集中了兵力，以取得“攻其无备，出其不意”的功效。为此，《虚实篇》强调：“故形兵之极，至于无形；无形，则深间不能窥，智者不能谋。”所谓“补虚”，就是在兵力集中后留下的力量真空或薄弱地带，也就是我军不想与敌交战的时间、地域，采取真假结合的弥补措施，防止被敌人利用，干扰和影响“我专”之意图的实现。《虚实篇》曰：“我不欲战，画地而守之，敌不得与我战者，乖其所之也。”就是说，要设法改变敌人的行动方向，促使敌人无法在我军不想打的时间、地域与我军交战。

在“敌分”上，就是如洪兵《东方战略学》所说：“关键的一条是如何依据自己的意图调动敌人。”那么，如何调动敌人呢?《势篇》说：“善动敌者，形之，敌必从之；予之，敌必取之。以利动之，以卒待之。”《虚实篇》说：“能使敌人自至者，利之也；能使敌人不得至者，害之也。故敌佚能劳之，饱能饥之，安能动之。”《九变篇》说：“是故屈诸侯者以害，役诸侯者以业，趋诸侯者以利。”就是说，通过“示利”“示害”“示厌”“示烦”等“示形”措施，或利诱敌人，或胁迫敌人，或激怒敌人，或厌恶敌人，或尴尬敌人，让敌人不得不分兵。《虚实篇》说：“故我欲战，敌虽高垒深沟，不得不与我战者，攻其所必救也。”这里的“攻其所必救”，所“示”的是敌面临的“大害”，敌岂有不分兵施救之理？孙膑的围魏救赵，就是“攻其所必救”、迫使“敌分”的经典战例。

在《孙子兵法》看来，实现“敌分”，既有让敌分兵应战的问题，也有让敌如何松散的问题。可以设想，敌人从整体上虽然呈“形聚”的状态，如果设法把这个整体的内部组成松散化，使其缺乏“神聚”和凝聚力，那么，同样可以达到“敌分”的效果。对此，《九地篇》指出：“所谓古之善用兵者，能使敌人前后不相及，众寡不相恃，贵贱不相救，上下不相收，卒离而不集，兵合而不齐。”

（四）质文兼存

“文质彬彬”的命题，是由孔子提出来的。《论语·雍也》记载，孔子曰：“质胜文则野，文胜质则史。文质彬彬，然后君子。”孔圣人这里是就人的修养来讲的，质是指人的内在道德品质，文是指人的文饰。在孔子看来，一个人要成为真正的君子，质与文都不可或缺，都不可偏废。质与文的统一，也就是善与美的统一。孔子的这一思想，极大地影响了中国美学的发展，成为艺术领域内容与形式相统一这一美学思想的源头活水。

内容与形式的统一，是历代美学家、艺术家的主流共识，是最基本也是最重要的审美标准。中国古典美学家、清代刘熙载在内容美与形式美上，着重强化了内容美。在《艺概》中，他提出了两点看法：第一，形式不应该突出自己。他说：“杜诗只‘有’‘无’二字足以评之。有者但见性情气骨也，无者不见语言文字也。”这就是说，语言文字的作用在于把性情气骨充分表现出来，而不应突出文字本身。第二，形式因素不能脱离一定的内容而单独具有美。他说：“书以笔为质，以墨为文。凡物之文见乎外者，无不以质有其内也。”而王国维在内容与形式上，则突出强调了形式美。他在《古雅之在美学上之位置》的专论艺术形式美的论文中认为，美在于形式，“一切之美皆形式之美也”。同时也强调，艺术形式美不应该突出自己，艺术形式美的使命在于整个艺术意象的完美。当然，刘熙载也好，王国维也好，他们都把自己的美学看法建立在了内容美与形式美的统一之上。

《孙子兵法》内容之美自不必多说，形式之美的塑造亦颇显功力。现代美学大师宗白华在《美学散步》中鲜明指出：“形象不是形式，而是形式和内容的统一，形式中每一个点、线、色、形、音、韵，都表现着内容的意义、情感、价值。”《孙子兵法》形式美与内容美的统一，也鲜明地体现在它所塑造的诸多形象上。孙武用他的那支犀利无比的笔，以文字的形式，或可说以兵书的形式，既入木三分、彻骨入髓地揭示了“理”，又生动逼真地刻画了“象”，把军事领域应该确立的美妙形象，活脱脱地展现在世人面前，让人去意会，让人去悦赏，让人去追慕。

——和平者的形象。《孙子兵法》强调“慎战”，主张“伐谋”“伐交”“不战而屈人之兵”，倡导“非利不动，非得不用，非危不战”，反对“怒而兴师”“愠而致战”，反对穷兵黩武，和平者的形象彰显其中。

——大智者的形象。《孙子兵法》重智、重谋，善知、善算，讲实、讲虚，计利、计害，有迂、有直，见刚、见柔，为民、为君，思“经”、虑“校”，瞻前、顾后；要求为将者有智、有德，有勇、有忌，有严、有慈，有为、有不，大智者的形象如立于壁。

——“水兵”的形象。《孙子兵法》以水“形”兵，认为：“夫兵形象水，水之形，避高而趋下；兵之形，避实而击虚。水因地而制流，兵因敌而制胜。故兵无常势，水无常形。”“激水之疾，至于漂石者，势也。”“胜者之战民也，若决积水于千仞之溪者，形也。”兵似水的形象触摸可及。

——变色龙的形象。《孙子兵法》是“变”的哲学、变的样本。“不可胜者，守也；可胜者，攻也。”此谓因力而变。“声不过五,五声之变，不可胜听也；色不过五,五色之变，不可胜观也；味不过五,五味之变，不可胜尝也。”此谓奇正之变。“圮地无舍，衢地交合，绝地无留，围地则谋，死地则战。”此谓因地而变。“能因敌变化而取胜者，谓之神。”此谓因敌而变。“是故始如处女，敌人开户，后如脱兔，敌不及拒。”此谓因时而变。“故用兵之法，无恃其不来，恃吾有以待也。无恃其不攻，恃吾有所不可攻也。”此谓不变之变。诸如此类之变，不一而足，变色龙的形象尽览眼中。

——常山蛇的形象。《孙子兵法》借常山之蛇“率然”的故事，阐述部队相互配合、“齐勇若一”的思想，既揭示了协同动作的内涵与要求，也为协同动作画了一个像——反应敏捷、配合默契的常山蛇之像。

——明贤君的形象。《孙子兵法》提出“君之所以患于军”的三种情况，提醒为君者要高度警惕；要求“将能而君不御”“主不可以怒而兴师”，明贤之君的形象昭然若揭。

《孙子兵法》的形式之美，很重要的还体现在它的结构上。其结构之美与内容之美相呼应、相映照，殊显亮丽，堪称超美。日本学者尾川敬二就认为，“孙子文章苍古雄劲，与内容之美相映，大有优于六经之感”，是当之无愧的“东方兵学的鼻祖，武经的冠冕”，在“东方文学上，实给予巨大影响”。夏旻《刚柔相济：〈孙子兵法〉的审美风格》一文指出：“《孙子兵法》的结构别开生面，它不同于《论语》《墨子》语录体的谈话形式，也有别于《孟子》《庄子》论辩式的对话模式，是一部专题议论文。《论语》等著作，涉及的思想、观点十分广泛，但篇章之间的联系却较为松散。构成《孙子兵法》的十三篇，各篇彼此独立，论述某一个军事问题，但十三篇连缀起来，又是一个前后连贯、相互照应的整体。”又说：“在诸子散文中，《论语》《老子》等文章结构疏散错落，显然呈现出阴柔美的倾向。而《孙子兵法》的结构风格显然属于后一种（阳刚美）。这种严谨缜密的结构具有很强的节奏感和对称感，如同一块块巨石按设计垒起一道城墙，雄伟挺拔，气势凛然。同时，这种结构还有助于形成一种自成体系的逻辑力量，以其形式的严谨，烘托和造就一种雄辩的气势。”据吴如嵩《孙子兵法辞典》介绍，清代邓廷罗曾以“十三篇如一篇”高度评价《孙子兵法》结构上的浑然一体。邓廷罗说：“孙子一书，自始计迄用间，如同条，如共贯，原始要终，层次井井，十三篇如一篇也。至一篇之中，节有旨，句有义，亦靡不纲举目张，主宾互见。”

对《孙子兵法》的结构之美，付朝在《〈孙子兵法〉的结构艺术》一文中从三个侧面阐述了其结构艺术。一、统筹兼顾的整体构思，十三篇既相对独立又互相配合，共同组成了一个高度统一的理论体系。二、顺理成章的结构安排，十三篇的结构，基本可以概括为六种。第一，《计篇》的标准论文式；第二，《作战篇》的两元顺接式；第三，《形篇》等两元联合式；第四，《火攻篇》的两元分立式；第五，《九变篇》的起承转合式；第六，《地形篇》的分析综合式。三、和谐自然的艺术布局，十三篇前后呼应，如运阵排兵般自有“率然”之势，其高超的艺术技巧宛若水到渠成般和谐自然，给人以妙意天成之感。一是中心明确和重点突出，注意在开头结尾点题，通过总分对称突出重点，通过过渡句点题，用名言警句占位；二是简洁生动的集中展示，集中定义，分层界说，归纳总结都很到位；三是过渡照应和节奏韵律协调一致，浑然天成。

对《孙子兵法》结构美的研究，涉猎学者颇多，妙解还有很多，不一而足。古今中外诸多学者对《孙子兵法》结构之美的研究、透析与赞誉，各有侧重，也有重叠，应该说概略了大体的风貌，张扬了无与伦比的美感，也整体反映了探索的深度与成效。可以坚信，沉淀之后必有更加耀眼亮丽的展现。

二十二 “术”之美

战争是一门艺术，战略战术是一种创造性运用力量、讲求策略与方法的艺术。法国战略理论家博福尔在《战略入门》一书中说，战略“是一种运用力量使之对于政治策略目标的达到做出最有效贡献的艺术”，战略的本质“是力量的辩证法艺术。说得更精确一点，是两个对立意志使用力量解决其争执时所用的辩证法艺术”。可以这样说，大凡具有创造性，给人带来美感的谋胜之“术”，都应视为战争艺术。

黑格尔认为，艺术美是历史在高级发展阶段上的美，是美的高级形式。《孙子兵法》阐释的战争思想、作战原则与方法，无不洋溢着艺术的气息，展露出艺术的美感，标志着兵学之美进入了一个新的高度和境界。它的艺术之美，或说“术”之美，集中体现在十个方面。

（一）要术

所谓要术，特指重要的策略与方法。《孙子兵法》提出了一系列具有开创意义的战争策略与对策，而最具革命性、最具影响力、最具鲜明特色的，不过四条：（1）战争方式之大略，即“上兵伐谋，其次伐交，其次伐兵，其下攻城”，“不战而屈人之兵”。这一要术，打破了传统的“攻城略地”理念，避免或减少了生灵涂炭、血流成河的局面，既可达到战争目的，“了却君王天下事”，又抛弃或弱化了战争恶果，实可谓“善之善者也”“美之美者也”。（2）战争基点之策略，即“胜兵先胜而后求战”。这一要术，首先让自己立于不败之地，在此基础上考虑求战、求胜的问题。这一策略，划定了战争的底线，也设立了战争的红线，是对“亡国不可以复存，死者不可以复生”的逻辑呼应，是“兵者，国之大事，死生之地，存亡之道，不可不察也”的彻髓注解，体现了家国情怀，体现了责任担当，体现了大智大睿，让人美在心巅。（3）驾驭战局之精略，即“致人而不致于人”。两军相争，谁能调动敌人、左右敌人、支配敌人，谁就处于主动地位，谁就有更大的胜算；谁失去了主动权，谁就可能陷入失败的泥潭。《孙子兵法》提出的“致人而不致于人”的思想，则是打开凯旋门的“金钥匙”。唐代军事家李靖在《唐太宗李卫公问对》中有言：“（兵法）千章万句，不出乎‘致人而不致于人’而已。”这一思想，术深意要，有万世不朽之美。（4）作战指挥之要略，即“将能而君不御”“君命有所不受”。孙武主张，要赋予将帅独立的战场指挥权。他认为，君主身居朝中，如果盲目干预前方的军事行动，就会带来“乱军引胜”的恶果。为此，他提出“将能而君不御者胜”的思想，强调军中之事皆听命于将，作为前方带兵打仗的将帅，对君主的干预指挥，可以有所不理、有所不受。这一要术，对于将帅发挥主观能动性、施展军事才华，取得战争胜利，尤为关键，是战争指挥艺术异常耀眼的“元素符号”。

透过烦冗纷纭，精准把握事物之要，具有方向性、决定性的意义，本身就是一种高超的驾驭艺术。《孙子兵法》中的这几个方面的要术，响亮而又科学地回答了战争理论与实践中最重要、最根本的问题，从而为孙子兵学的建立撑起了“金刚”骨架，也注入了不朽气魄。

（二）算术

《孙子兵法》重“算”，既讲庙算之道，也有数算之术。对庙算，《计篇》有极为深刻的见解，指出：“夫未战而庙算胜者，得算多也；未战而庙算不胜者，得算少也。多算胜，少算不胜，而况于无算乎？吾以此观之，胜负见矣。”庙算“算”什么？《计篇》告诉你，要算“五事”，算“七计”，算胜与不胜，算战与不战。正所谓：“凡此五者，将莫不闻，知之者胜，不知者不胜。”“吾以此知胜负矣。”庙算怎么“算”？《九地篇》给出答案："是故政举之日，夷关折符，无通其使；厉于廊庙之上，以诛其事。"这就是《孙子兵法》的庙算之术，既原始又现代，既概略又精要。对数算，《孙子兵法》虽还没有现代数的概念，但已有了数的意识、数的运用。古人讲，数中有术，术中有数。这可能源于《孙子兵法》的数算理念。"故用兵之法，十则围之，五则攻之，倍则分之。""百里而争利，则擒三将军，劲者先，疲者后，其法十一而至；五十里而争利，则蹶上将军，其法半至；三十里而争利，则三分之二至。""凡兴师十万，出征千里，百姓之费，公家之奉，日费千金。内外骚动，怠于道路，不得操事者，七十万家。相守数年，以争一日之胜，而爱爵禄百金，不知敌之情者，不仁之至也，非人之将也，非主之佐也，非胜之主也。"看，这些数中求术、术中算数的兵法思想，多么智慧，多么精彩，多么美妙！可见，"兵圣"孙武才是现代"大数据""云计算"的"鼻祖"。

（三）任术

使用权谋、运用策略，是谓任术。《孙子兵法》通篇充满着使权用谋，通篇透显着任术之道。"伐谋""伐交"是其任术最重要的表现形式，诡诈是其任术最有效的实现手段，避实击虚、出奇制胜、"致人而不致于人"是其任术的核心所在。

"屈人之兵而非战也，拔人之城而非攻也，毁人之国而非久也，必以全争于天下，故兵不顿而利可全，此谋攻之法也。"——这是多么高端、多么深远的权谋！

"是故屈诸侯者以害，役诸侯者以业，趋诸侯者以利。"——这是多么自信、多么举重若轻的权谋！

"故策之而知得失之计，作之而知动静之理，形之而知死生之地，角之而知有余不足之处。"——这是多么老道、多么辛辣的权谋！

"攻其无备，出其不意。此兵家之胜，不可先传也。"——这是多么幽深、多么玄妙的权谋！

"投之亡地然后存，陷之死地然后生。夫众陷于害，然后能为胜败。”——这是多么出奇、多么超哲的权谋！

“敌则能战之，少则能逃之，不若则能避之。”“不可胜者，守也；可胜者，攻也。”——这是多么理智、多么务实的权谋！

孙武不仅是权谋的设计大师，还是一位成功的权谋实践家。他在吴国协助吴王最终伐楚成功，尽显了一代权谋家的智慧与风流，也生动诠释了他的权谋理论。

（四）机术

提起《孙子兵法》的机术，也即机智权变之术，让人不由得想起川剧的变脸艺术。千变万化的变脸艺术，不仅变化多端，更重要的是变得飞快，是一种能够在瞬间完成多次脸妆变换的表演特技，因其变换速度之快、技巧之高而闻名于世。相传，“变脸”是古代人类面对凶猛的野兽，为了生存把自己脸部用不同的方式勾画出不同形态，以吓唬入侵的野兽。川剧把“变脸”搬上舞台，用绝妙的技巧使它成为一门独特的艺术文化。同样，为了在战场上对付自己的对手，孙武也把如同“变脸”特技的机智权变之术，即机术，“搬”进了《孙子兵法》，从而为它注入了灵性，注入了灵慧，注入了灵魂。与川剧“变脸”有所不同的是，《孙子兵法》的“变”，是因应之“变”，是权衡之“变”，是不露之“变”，是真假之“变”，有时还是“不变”之“变”。《孙子兵法》的机术，以其聪慧狡黠的秉性，蕴藏在通篇的字里行间，让人去领悟、去把握。当然，直接谈“机”说“变”的思想与文字也俯拾可见。对此，前面多有论及、列举，这里不再复述扰人。

（五）相术

所谓相术，旧时观察人或地的形貌以预言吉凶的一种方术。《孙子兵法》的相术，是特指“相敌”之术。《行军篇》说：“凡处军、相敌：绝山依谷，视生处高，战隆无登，此处山之军也……”并提出了透过现象看本质的“相敌”三十二法。《孙子兵法》的相术，不仅仅是一个如何及时全面地侦察敌人情形与动态的问题，还是一个如何由表及里、去伪存真的分析推理的问题。要知道，通过战场侦察得来的情况，往往是零散的、部分的，有时是矛盾的，有时是真伪难辨的。要做出正确的判断，真正做到不以偏概全，不以虚为实，不为表面所导，不为片面所误，不为假象所骗，不为小利所诱，不为信息爆表所扰，就需要以多种方式和方法来补充、验证、纠正所获得的一系列信息。要说相术，这才算是真正的相术。为此，《孙子兵法》提出了“作”“形”“角”“间”“策”的“相敌”五招。

“作”，就是挑动敌人，以了解敌人的真实情况与活动规律，即所谓“作之而知动静之理”。在20世纪70年代发生的第四次中东战争中，叙利亚的萨姆-6防空导弹出尽了风头，以色列被击落的战机，大多毁于萨姆-6导弹。这一名不见经传的防空武器也一战成名，让全世界为之侧目。因此，以色列对部署在黎巴嫩贝卡谷地的叙利亚萨姆-6导弹既怕又恨，始终在研究如何尽快予以摧毁，以解心头之患。1982年6月9日下午，贝卡谷地上空拉响了凄厉的紧急战斗警报，以军的战机临空了。叙军指挥官果断地下达了雷达开机的作战命令，萨姆-6防空导弹相继发射，以色列飞机接二连三被击中、坠地。然而，叙军官兵很快发现，坠落飞机竟是塑胶制作的，而且没有找到一具以色列飞行员的尸体。指挥官迅速下达了雷达关机的作战命令，他们知道中计了！原来，叙利亚人打掉的是以色列放出来当诱饵的无人驾驶飞机，目的是引诱叙军制导雷达开机，以获取其参数。紧接着出动的以色列“鬼怪”式战斗机，根据E-2C“鹰眼”预警机传来的信息，发射“百舌鸟”反辐射导弹，一举摧毁萨姆-6的制导雷达，使其顿时变成“瞎子”。随之而来的是几十架F-16战斗机向导弹基地的猛扑。与此同时，以军把截获的信息传送给埋伏在贝卡谷地山脚下的大量“狼”式地对地导弹。在以军空地一体的联合攻击下，贝卡谷地变成一片火海，6分钟之内，叙利亚人苦心经营10年、耗资20亿美元才建起来的19个萨姆-6导弹连、228枚导弹，就焚毁殆尽了。这一精彩的战例，就是《孙子兵法》相术之“作”招的最妙注脚。

“形”，就是通过示形动敌，了解敌人所处环境和态势的优劣、利害之处。譬如，“形之而知死生之地”，就是通过示形动敌，了解敌人所处地形的有利或不利之处。《计篇》提出的“能而示之不能，用而示之不用，近而示之远，远而示之近”的“诡道”之法，都可以成为示形动敌，进而了解敌人、调动敌人的用兵要诀和巧妙方法。

“角”，就是通过试探性进攻，了解敌人兵力部署的虚实情况，即所谓“角之而知有余不足之处”。公元前222年，吴蜀两军相持于猇亭（今湖北宜都北）一带。吴将陆逊得知蜀军连营数百里，兵力分散，士气沮丧，决定派兵先攻蜀军一营，结果失利。诸将都认为“空杀兵耳”。陆逊则认为，“吾已晓破敌之术”。原来，经过这次战斗侦察，发现蜀军军营都是木栅构成，于是决定火攻破敌。结果，取得了连破蜀军四十营的“彝陵之战”的胜利，并致蜀军全线溃败，刘备一病不起，命丧白帝城。从中可看出陆逊“角”的造化，也彰显了《孙子兵法》“角”的伟力。

“间”，就是通过用间于敌，获取敌内部情报，以补充与验证其他渠道得来的相关信息。《孙子兵法》专篇系统阐明的使用间谍的方式、原则和条件，以及鲜明提出的“上智为间”的思想，是“先知”之要、“动而胜人”之策，堪称“上智之术”。

“策”，就是根据对敌情的分析判断，来了解敌人作战计划的优劣长短，即所谓“策之而知得失之计”。《虚实篇》把“策”放在“作”“形”“角”之前，主要是因为“策”的重要程度最高，而从“相”的流程来看，“策”应排在最后，因为“策”是建立在三者及“间”的基础之上的，是“压轴”之策。

（六）伯术

霸者的权术，即称之为伯术。用今天的话讲，就是霸权国家的外交之术。《孙子兵法》从很大程度上讲是霸者的哲学，霸者的逻辑，霸者的军事学说。它追求“不战而屈人之兵”，主张“伐谋”“伐交”，这无疑是霸者的做派；它突出强调军事进攻，重视深入敌境作战，这注定是霸者的思维；它提倡“因粮于敌”“掠于饶野”“掠乡分众，廓地分利”，这分明是霸者的作风。《九地篇》直言：“四五者，不知一，非霸王之兵也。夫霸王之兵，伐大国，则其众不得聚；威加于敌，则其交不得合。是故不争天下之交，不养天下之权，信己之私，威加于敌，则其城可拔，其国可隳。”《孙子兵法》的伯术，集中体现在“屈”“役”“趋”上。

“屈”，就是采用一些绝招甚至阴招，让敌国屈服。譬如，“屈诸侯者以害”，即用敌国所厌恶的事情去伤害它，以使其屈服。在当代国际关系中，以美国为首的西方势力，为了达到控制一些中小国家的目的，最常用的手段就是经济制裁、政治恐吓、军事威慑，甚至在这些国家搞颠覆合法政权的勾当，通过“威加于敌”让这些国家听命于自己，使其要么加入西方“俱乐部”，融入自己势力范围和价值体系；要么敢怒不敢言，任人摆布。这就是古老的《孙子兵法》之伯术在当今世界所产生的强大效力。

“役”，就是用敌国不得不做的重大事情去驱使它，使它穷于应付，即所谓“役诸侯者以业”。当今美国对华战略中，就采用了“役”的招法。比如，在南海问题上大搅浑水、推行所谓“航行自由”，在台湾问题上向台出售武器装备、强化与台实质性关系，在钓鱼岛问题上支持日本，在韩国部署“萨德系统”，暗地里唆使周边国家与中国搞对抗、闹纷争，等等，让中国不得不“随之起舞”，不得不分心劳神，不得不付出额外的成本和代价，以达到其遏制中国的险恶目的。美国及西方国家对俄罗斯也在大用“役”的招法，大行丑化、孤立、制裁之能事，甚至连体育手段都用上了。这些，也足见美国等西方势力对《孙子兵法》之“役”招的深悟与妙用。

“趋”，就是引诱相关国家为小利奔命，从而为己所用，即所谓“趋诸侯者以利”。说到底就是霸者以小利为诱饵，玩弱者、小兄弟于股掌之中。仍以美国等西方国家为例，他们为了鼓动东欧某些国家，以及从苏联独立出来的一些共和国投入自己的怀抱，使其与俄罗斯对着干，往往对这些国家施以经济上的微薄援助，或给予某些政治上、经济上、外交上的“空头支票”。一些国家目光短浅，为了眼前的小利而被人“当枪使”，结果陷自己于十分被动、极其尴尬的境地，国家利益也因此受损严重。在我国战国时期，张仪假以“六百里土地”之利，劝楚国与齐国断交，楚国被耍弄，抗秦联盟土崩瓦解，秦国从此扭转了不利的战略态势。这些，都是《孙子兵法》之“趋”招的生动体现。

（七）妙术

在古代，神妙、精湛的技术被称为妙术。其实，那时人类的技术水平比较低，所谓“神妙”“精湛”的技术，在今天看来技术含量也不过如此。但是，在古时既然被称为妙术，说明它们自有非同寻常的地方。《考工记》是我国第一部手工艺技术汇编，大约成书于春秋末年、战国初期。据闻人军《考工记译注》介绍，今本《考工记》虽仅7100余字，但以其科技内容之丰富、信息量之大，在先秦古籍中独树一帜。《考工记》在叙述“百工之事”的基础上，以主要的篇幅，分述当时官营手工业和家庭小手工业的主要工种，凡三十工。《考工记》采用齐国的度量衡，引用不少齐国方言，大部分记载能和战国初期的出土文物资料相互印证，该书与齐国官方有着直接的联系。从书中记载看，那时的技术已经达到一定的水准与高度。许多技术，对后世都产生了重大的影响。

孙武是齐国人，《孙子兵法》初成于齐国，可以断定，孙武研究兵学、撰著《孙子兵法》是在当时较为有利的技术环境下进行的。从《孙子兵法》来看，战争中的技术意识已经有所确立，虽然并没有把技术列入“五经”“七计”的范畴，作为衡量胜负的重要因素，但技术装备已经成为谋划战争必须考虑的因素。比如，《谋攻篇》认为，如果选择攻城，就不能不考虑到“修橹轒辒，具器械”“距闉”等技术方面的问题。《孙子兵法》里涉及诸多的技术装备，有“驰车”，即快速轻便的战车；有“革车”，即重型兵车；有“橹”，即攻城用的楼车或巢车；有“轒辒”，即用以掩护攻城人员抵近城池的攻城器械；有“戟”，即可击可刺的兵器；有“弩”，即发射箭矢的射击兵器；有“楯”与“蔽橹”，即盾与大盾；有“烟火”，即火攻的器具和燃料等物；等等。《孙子兵法》所体现的装备技术，用现代眼光看虽然算不上什么，但在当时已经是响当当的妙术了。比如，《孙子兵法》中涉及的“戟、弩、矢”，《考工记》中都有所记载，该书侧重从技术的角度介绍多种兵器的形状、大小和结构特点，其中弓矢的制作工艺尤为详备，力学（特别是流体力学）知识的萌芽随处可见。又如“轒辒”，据《通典·兵典》记载，其形制为：“作四轮车，上以绳为脊，生牛皮蒙之，下可藏十人。”这简直是现代化装备——坦克、步战车、装甲输送车的雏形和“鼻祖”了。

《庄子》一书里讲：孔子一个学生叫子贡，有一天，子贡看见一个农民抱着水罐在浇水，他说：“现在已经发明了桔槔，用力微而做功大，你为什么不用这个呢？”这个老农大为愤怒地讲：“有机械必有机心，人有了机心人类便会堕落。”因此，机械在中国古代被称作“淫巧”，认为这是一种“淫巧之术”。从这种意义上讲，在“兵不厌诈”“兵者，诡道也”的战争领域，古人把技术这种“淫巧之术”神秘地称为“妙术”，也是有其道理的，何况大多数情况下，“巧”与“妙”是连在一起、不分彼此的。

（八）力术

《荀子·强国》说：“力术止，义术行。曷谓也？曰：秦之谓也。威强乎汤、武，广大乎舜、禹，然而忧患不可胜校也。諰諰然常恐天下之一合而轧己也，此所谓力术止也。”荀子这里所指的力术，就是强兵的办法，或说强兵之术；而义术，是指礼义法规之术。唐代杨倞注：“力术，疆兵之术。”《孙子兵法》十三篇，实际上分为两大块：一块是领军打仗的兵法，一块是治军带兵的方法。后一块体现的，就是所谓的力术。这一块在《孙子兵法》中尽管所占比重较小，但其理论和思想的分量并不轻，对后世的影响巨大而深远。《孙子兵法》的力术，最重要的体现在精兵、令齐、御将三个方面。

“兵非益多”的精兵思想。《行军篇》指出：“兵非益多也，惟无武进，足以并力、料敌、取人而已。”强调胜负还要看“兵众孰强，士卒孰练”。这种“兵在精，而不在多”的治军思想，迄今仍是世界各国军队的共同选择，保持着强大的生机和活力。

“令之以文，齐之以武”的治军思想。强调在军队治理上要恩威并施，严慈相济，指出：“卒未亲附而罚之，则不服，不服则难用也。卒已亲附而罚不行，则不可用也。故令之以文，齐之以武，是谓必取。”《计篇》则把“法令孰行”“赏罚孰明”，列入“知胜负”的“七计”之中。

“将孰有能”的御将思想。《谋攻篇》强调：“夫将者，国之辅也。辅周则国必强，辅隙则国必弱。”为此，注重将能培养，鲜明提出要强“五德”、戒“五危”。《地形篇》深刻指出：“故兵有走者，有弛者，有陷者，有崩者，有乱者，有北者。凡此六者，非天之灾，将之过也。”要求为将者，“进不求名，退不避罪，唯人是保，而利合于主”。

（九）化术

汉代刘向《说苑·修文》说：“仲弓通于化术，孔子明于王道。”所谓化术，就是教化之道。《孙子兵法》重教化，其化术主要体现在“令之以文，齐之以武”的治军思想之中。“文”就是指宽厚仁义的教化手段，包括教育、厚赏、爱卒等。《行军篇》说：“令素行以教其民，则民服；令不素行以教其民，则民不服。令素行者，与众相得也。”《地形篇》说：“视卒如婴儿，故可与之赴深溪；视卒如爱子，故可与之俱死。厚而不能使，爱而不能令，乱而不能治，譬若骄子，不可用也。”《孙子兵法》注重外线作战时部队心理的变化，要求有针对性地做好心理疏导与防护工作。《九地篇》强调：“施无法之赏，悬无政之令，犯三军之众，若使一人。”这些化术，至今仍不失其价值。

（十）存术

狡兔三窟，是谓兔之存术。“狡兔死，走狗烹”，说明狗乏存术。物竞天择，适者生存。要生存，就离不开一定的生存之术。《孙子兵法》视“兵者”为“存亡之道”，既谋进攻之成，也求保存自己之效。《形篇》主张：“先为不可胜，以待敌之可胜。”“是故胜兵先胜而后求战，败兵先战而后胜。”实际上，把生存放在了第一的位置上。为此，坚持“打得赢就打，打不赢就走”的灵活战略战术，主张“敌则能战之，少则能逃之，不若则能避之”。坚持“攻得胜就攻，攻不胜就守”的务实战略战术，主张“不可胜者，守也；可胜者，攻也”。坚持“藏于九地之下”的狡兔战术，力求以十分稳妥可靠的策略和办法求自保。

《孙子兵法》不仅重视战场上的求生之术，而且她的作者孙武也深谙生存之道。为了躲避齐国的部族之乱，他毅然远走高飞，奔赴欣欣向荣的吴国。在吴国，为了让吴王接纳他和他的兵法，通过伍子胥牵线搭桥，极尽所能取悦吴王，赢得信任。功成名就后，又毅然归隐，从而避免了伍子胥被夫差赐死那样的厄运。最终，孙武不仅得以善终，而且家族兴旺、才杰辈出；《孙子兵法》美名远扬，被后世誉为“兵学圣典”，孙武本人被尊为“武圣”。这便是孙武存术高超、老道的最有力佐证。

二十三　“简”之美

《易经·系辞》说：“乾以易知，坤以简能；易则易知，简则易从……易简而天下之理得矣。天下之理得，而成位乎其中矣。”这一“易简理得”的逻辑和传统，对中国几千年文化发展产生了深刻的影响。姜太公治齐求简易，他说：“夫政，不简不易，民不有近，平易近民，民必归之。”所以，姜太公治齐，三个月即纳入轨道。清魏源《复何竹芗同年论会计书》认为：“至救时务之书，宜易简不宜繁难。”李大钊《民彝与政治》也说：“故能易简而得理，无为而成化也。”杨振宁教授下面这段话则从某种程度上道出了“易简理得”的“中国情结”，他说：“既然中国的传统文化里最重要的一点，是要追求一个‘理’，用什么方法来追求这个‘理’呢？传统中国文化如何来求‘理’？如果仔细分析，我想会得到一个结论：这个方法就是归纳法，即把许多分处的一些现象，或者一些状态，归纳成一个最终的‘理’。这是一个精简化、抽象化、浓缩化的过程。中国人思考、求知，具有一种精简化、抽象化、浓缩化的明显特征，有人称之为中国人特有的精神。”（转引自洪兵《东方战略学》）

“易简”思维在艺术领域的影响，最重要的标志就是，造就了中国艺术传统中尚简的艺术风气和审美情趣。杨震《中国传统艺术中的尚简之风》一文指出：历史事实表明，很少有哪个领域比艺术领域更集中而突出地体现了“易简”原则。无论是音乐上强调的“大乐必易，大礼必简”，还是水墨山水画的兴盛，“运墨而独得玄门”“运墨而五色具”，还是诗歌上崇尚“行于简易闲淡之中，而有深远无穷之味”的简淡之美，无不闪烁着“易简理得”的智慧光芒。可以说，正是有了“易简理得”的智慧，才成就了中国艺术的最高境界，即“以小见大”“以少总多”“以简御繁”，使其具备了无穷的意味。

前几年有一句叫得很响的广告词：简约而不简单。区区几个字，即道出了“简”的根本和要害。自古以来，凡事变简为繁易，而化繁为简难。无论为人、做事，还是诗文、书画，做到恰到好处的至简，实现至粹，方显真功，才见大美。

大道至简。《孙子兵法》是兵之大道，易简而意深，通篇蕴涵着“易简理得”的深刻哲理，洋溢着易简之美的朴实与雍容。

（一）简约之美

用最少的元素传达出最准确、最丰富、最无穷的意思，这就是简约之美。恰如《系辞》称《易经》：“其称名也小，其取类也大。其旨远，其辞文，其言曲而中，其事肆而隐。”陶渊明的《桃花源记》是一篇只有360字的散文，流传了1500年，可谓家喻户晓，传唱不衰。一般人都将它看作美文小品，实际上其意远不尽然，它是借散文之体来诠释政治之意的。在《桃花源记》中，陶渊明塑造了这样一个理想的社会：“土地平旷，屋舍俨然，良田美地，往来耕作，鸡犬相闻，黄发垂髫，怡然自乐。”这让人不由得联想到陶渊明之后1200年，欧洲出现的空想社会主义；联想到陶之后1400多年诞生的《共产党宣言》。因此，我们说《桃花源记》不仅仅是一篇美文，就在于它以艺术的魅力激起了人们千百年来，对理想社会和美好生活的孜孜追求。要立杆简约之美，360字的《桃花源记》说得上典范之至；要把握简约之美，360字的《桃花源记》是对简约之美最生动、最具说服力的解释。

《孙子兵法》诞生早于《桃花源记》1300多年，同样是简约之美的典范，二者内容上一武、一文，各领简约美范之风骚。《孙子兵法》涉及战略战术、谋略外交、作战指挥、选将用将、治军带兵等战争领域的所有范畴、所有命题，涉及政治、军事、经济、外交、法治等多个领域的课题与内容，涉及天文学、地形学、运筹学、谋略学、心理学、管理学等众多学科的理论知识与内容元素，对战略指导、战争筹划、战争准备、攻防作战、部队机动、火攻、用间、治军等方面进行了系统阐述。不可想象的是，这种近乎包罗战争万象、被尊为“武经之首”的军事著作，仅仅用了不到6000字，通篇没有半点拖泥带水之处。而与它形成鲜明对照的是，在世界上与《孙子兵法》相齐名的另一部兵书——克劳塞维茨的《战争论》，几乎相同的内容，却长达50万字（有的译作长达69万字）。因此，《孙子兵法》人们可以熟读成诵、信口说来，而《战争论》是很难达到这一境界的。

“片言可以明百意，坐驰可以役万景。”（刘禹锡语）这种超常的语言表达能力，本身也是一种艺术技巧的体现。尚简不是追求简单浅显，而是追求简约超然。郑板桥有句名言：“删繁就简三秋树，领异标新二月花。”也就是说，只有剥去腐皮，淘掉泥沙，删除冗琐，才显精粹。有权威说，华罗庚的《高等数学论》，其证明总是删繁就简，单刀直入。鲁迅的笔，简练如刀，一刀见血，三言两语即见真性情，即显大境界。同样，从《孙子兵法》来看，文简而意不简，字少而理深，纸短而意长，精益求精而出精粹。苏洵曾评价孙、吴之不同：“吴起之言兵也，轻法制，草略无所统纪，不若武之书词约而意尽，天下之兵说皆归其中。”（《嘉佑集·权书》）周少峰在《〈孙子兵法〉文学价值考量》一文举例说：“《孙子兵法》之简约严谨，还体现在论理不论事上。自古于今，兵书似绝少不了战例分析；观同时代诸子著作，亦有大把大把追述前人业绩的论述。与孙武齐名的吴起就难脱俗套：‘昔齐桓募兵五万，以霸诸侯。晋文召为前行四万，以获其志。秦缪置陷阵三万，以服邻敌。’（《吴子·图国第一》）稍晚于《孙子兵法》的《尉缭子》更是为文拖沓：‘有提十万之众，而天下莫当者谁？曰桓公也。有提七万之众，而天下莫当者谁？曰吴起也。有提三万之众，而天下莫当者谁？曰武子也。’（《尉缭子·制谈第三》）”

可以看出，《孙子兵法》之所以久传不衰，能够进入各个领域、各个行当，被越来越多的人所接受、所享用，就在于它相对短小精悍、词精义确，宜懂、宜记、宜传、宜用，无须再筛即见饱米，无须再剥即见精核，无须再探即见宝藏，无须再淘即见真金，无须再炼即见灵丹。

——“兵者，国之大事，死生之地，存亡之道，不可不察也。”一句话，即把战争的本质，对待战争应持有的态度，淋漓尽致地反映了出来；一句话，即奠定了《孙子兵法》整个思想体系的理论基础及其兵法的逻辑起点。字数少，但寓意深刻，意味深长。

——“兵者，诡道也。”几个字，即阐明了战争这一特殊领域的特殊对抗法则，揭示了战争的本质属性和战争活动的内在规律。无须多言，似乎多一个字都是累赘，都会适得其反。

——“是故百战百胜，非善之善者也；不战而屈人之兵，善之善者也。”一行字，即奠定了《孙子兵法》战争哲学的思维层次与最高目标追求。无须解释什么，有一定悟性就够了。

——“夫兵形象水，水之形，避高而趋下；兵之形，避实而击虚。水因地而制流，兵因敌而制胜。”一个水的简约比喻，即道破了“因敌而变”的用兵真谛。用日常生活中司空见惯的事物或现象轻轻一比照，要比那种喋喋不休、口舌费尽的冗言要明白得多，受用得多。

——“是故屈诸侯者以害，役诸侯者以业，趋诸侯者以利。”“屈”“役”“趋”三个中心字，即点出了调动敌国的诀窍。无须长篇大论，抓住了这三个字，也就掌握了御敌的主动权。

——“攻其无备，出其不意。此兵家之胜，不可先传也。”一个“不可先传”，即道出了无须多言、不可多言之理。“不传”之传，才是真传。

（二）简淡之美

陆游《幽兴》诗曰：“身闲诗简淡，心静梦和平。”苏东坡《书黄子思诗集后》也有言：“发纤浓于简古，寄至味于淡泊。”所谓简淡，就是简朴淡泊。这种简简单单、平平淡淡之中，有味、有意、有美。所以有人说，纵然简淡，也心生喜欢。宋代范温《潜溪诗眼·论韵》曰：“行于简易闲淡之中，而有深远无穷之味。”这就是简淡的魅力所在。

《孙子兵法》以简淡的色调、简淡的口味阐述战争思想和兵法战策，在兵学历史上具有开创意义。品读《孙子兵法》，让人想起齐白石画虾。简洁的线条、简淡的色彩、简省的笔墨，大师几笔下来，一只乃至数只栩栩如生的虾便跃然纸上，那画纸仿佛就不是什么纸，而是一个硕大的盘子，里面孤傲地躺着一只或几只活蹦乱跳、炯目传神的虾。《孙子兵法》阐释战争问题，就像齐白石画虾，简淡之中透着灵气。读《孙子兵法》，一开始觉得有些生涩难懂，然而一旦读进去，就会发现另有一番洞天，感觉像在读散文、读故事、读小说。《孙子兵法》中大量的高深命题、创新思想、重大观点的阐释，并不是走逻辑推理的路线，而是借助“昔之善战者”，借助历史典故，借助形象生动的比喻，借助幽默轻松的语言，娓娓道来的。这一点，在前边“味之美”的篇章中就有所谈及。当然，也有意犹未尽之感，所以欲借本题再补谈点感受。比如，《九地篇》说：“能愚士卒之耳目，使之无知。易其事，革其谋，使人无识；易其居，迂其途，使人不得虑。帅与之期，如登高而去其梯；帅与之深入诸侯之地，而发其机，焚舟破釜；若驱群羊，驱而往，驱而来，莫知所之。”这里，一贯“视卒如爱子”的孙武竟公然倡导“愚兵”，甚至要求把士卒比作“群羊”来驱赶，而言语之间又是那么轻松飘逸，那么轻描淡写，那么一副无所谓派头。其实，这不是什么目空一切，而是在向将帅们传递大风大浪下的安静，传递淡然处之的从容，这是一种举重若轻的风度，一种崇简尚淡的风雅。又如，《九地篇》说：“是故始如处女，敌人开户，后如脱兔，敌不及拒。”意思是说，开始的时候要像一个坐在那里非常安静甚至含情脉脉的姑娘，让对手不但对自己放松戒备，而且敞开心扉，用各种办法讨好自己。这就是“始如处女，敌人开户”。当对手失去戒备、敞开心扉，甚至极力讨好自己时，就马上“变脸”，像一只速度极快、极具冲击力的兔子，突然冲向敌方的死穴，攻其一个措手不及，置对手于死地，对方连招架之功都被废了。这就是“后如脱兔，敌人不拒”。这种对以“静”制“动”用兵思想的阐释，是多么深刻、多么形象，又是多么淡雅、多么诙谐啊！

（三）简易之美

现实中，有时把复杂的问题简单化，它就轻而易举地被解决；有时把简单点的东西复杂化，即便大绞脑子也不能攻破。爱迪生化繁为简解难题的故事，就很能说明问题。有个叫阿普顿的年轻人毕业后被安排在爱迪生身边工作，他认为自己是名牌大学的高才生，而爱迪生不过是个连小学都没读过的人，心中难免有点看不起爱迪生。爱迪生早就看破了这一点，心想有机会一定要让阿普顿明白实践的重要性。这天，爱迪生拿出一个灯泡让阿普顿帮他测算一下它的容积是多少，实验室等着急用。阿普顿接过灯泡，觉得这不过小菜一碟，小事一桩，根本难不倒他这个普林斯顿大学的佼佼者。他立马用尺子把灯泡上下量了几遍，再按照式样在纸上画好草图，列出一道算式，算来算去，算得满头大汗，仍没算出来。一连换了几十个公式，还是没有结果，时间过去了两个多小时，阿普顿急得满脸通红，狼狈不堪，却始终没有结果。爱迪生在实验室等了很久，不见阿普顿把答案拿来，觉得奇怪，便走到阿普顿的工作间，只见他一脸窘相，再看看那几张十六开的白纸上，密密麻麻地列满了算式，但还没有算出答案，便拍拍阿普顿的肩，笑笑说：这样计算太浪费时间了，看我的！只见爱迪生拿起灯泡，把水倒了进去，直到倒满为止，然后交给阿普顿说：你去把里面的水倒进量杯，看看它的体积刻度，那就是咱们需要的答案了。阿普顿茅塞顿开，没想到自己费尽脑汁半天时间没算出来的答案，爱迪生一眨眼的工夫就完成了。

把简单搞成复杂是平庸，把复杂搞成简单是创造。牛顿的万有引力定律、爱因斯坦的质能公式，都出奇简单。爱因斯坦曾说：“物理上真实的东西一定是逻辑上简单的东西。”李政道也说过：“科学家抽象的阐述越简单，应用越广泛，科学创造就越深刻。”当然，简易需要简单，而要真正做到简易并不简单。

简易不是简陋，不是残缺，不是敷衍，也不是低层次徘徊、运转。简易是简便易行，是简捷易达。可以这样说，简易、简易，有“简”才有“易”。许多情况下，“简”到了，“易”也就出来了。

《孙子兵法》推崇简易思维。《势篇》讲：“凡治众如治寡，分数是也。”就是说，要依托组织编制，分解部队管理的任务与责任，使大部队的管理像小分队一样轻松、容易。“分数”就是简易之法。

《形篇》讲：“古之所谓善战者，胜于易胜者也。”这个“易胜”，就是没有费多大气力，没有付出多大代价，没有经过多长时间，没有惊天动地，也没有悲壮可泣的故事，就轻而易举获胜了。正因如此，这种胜才是最难能可贵的。就像孙武所说的：“见胜不过众人之所知，非善之善者也；战胜而天下曰善，非善之善者也。故举秋毫不为多力，见日月不为明目，闻雷霆不为聪耳。”“故善战者之胜，无智名，无勇功。”《孙子兵法》提出的“伐谋”“伐交”“不战而屈人之兵”思想，追求的既是“全胜”，也是“易胜”，体现的都是简易思维。而《谋攻篇》说：“攻城之法为不得已。修橹轒辒，具器械，三月而后成；距闉，又三月而后已。将不胜其忿，而蚁附之，杀士三分之一，而城不拔者，此攻之灾也。”很显然，“攻城”是繁难之策，而不是简易之法。

《孙子兵法》最显著的特征是施计用谋，可谓十三篇篇篇有谋。《说文解字》对“谋”的解释是：“谋，虑难曰谋，从言革声。”“难”，就是繁难的矛盾与问题。“虑难”，就是思虑解决繁难矛盾与问题的办法。从中可以看出，“繁难”遇到“谋”就变“简易”了，矛盾和问题就迎刃而解了。也就是说，奇谋面前无繁难。比如，《军争篇》说：“以迂为直，以患为利。故迂其途，而诱之以利，后人发，先人至，此知迂直之计者也。”可见，运用“以迂为直、以患为利”的计谋，就可以解决“军争之难”。又如，《九地篇》说：“所谓古之善用兵者，能使敌人前后不相及，众寡不相恃，贵贱不相救，上下不相收，卒离而不集，兵合而不齐。”可见，采取分化、割裂敌人的谋略，就能够使强敌变弱，战胜敌人则由难变易。再如，《九地篇》说：“故为兵之事，在于顺详敌之意，并敌一向，千里杀将，此谓巧能成事者也。”可见，“巧招”促成“易胜”，而谋略支撑“巧胜”。回顾人类战争史，《孙子兵法》中那些伟大的谋略思想，曾令无数的后人以“四两拨千斤”之巧战胜强劲对手，书写了不朽的战争传奇，生动描绘和诠释了胜之“简易”的来路。我们可以这样说，《孙子兵法》的简易思维、简易之美最重要、最耀眼的，是它的智慧品质、谋略属性。

二十四 “辞”之美

清代刘熙载《艺概·经义概》说：“文不外理、法、辞、气。理取其正而精，法取其密而通，辞取其雅而切，气取其清而厚。”故赏文必赏其辞。孔子说：“言而无文，行之不远。”意思是说，大凡文章、著作，即使有好的内容、好的思想，如果没有优美的形式来表达，也不会流传下来。《孙子兵法》的命运，正应了孔圣人这句话。孙武不仅是一位伟大的军事理论家，而且是一位造诣颇深的文学艺术家；《孙子兵法》不仅是一部享誉古今中外的兵书，而且是一部文学价值很高的军事著作。

对《孙子兵法》的“文章之美”，历代名人大家、文人骚客赞不绝口，认为在文体、文辞、文字、文气方面远超同时代及诸多先圣的名篇巨制。南朝刘勰在《文心雕龙·程器》中说：“孙武兵经，辞如珠玉。”明代胡应麟在《少室山房笔丛·九流绪论上》中盛赞《孙子兵法》：“其文章之妙，绝出古今。”宋人郑厚《艺圃折衷》中说：“孙子十三篇，不惟武人之根本，文士亦当尽心焉。其词约而缛，易而深，畅而可用，《论语》《易》《大传》之流，孟、荀、杨诸书，皆不用也。”清人孙星衍《孙子略解·序》中说：“诸子之文皆由没世之后，门人小子所述成书，惟此是其（孙武）手定，且在《列》《庄》《孟》《荀》之前。”许多当代研究学者认为，《孙子兵法》不仅是“兵学圣典”，而且开创了论说文的基本格式，在散文发展史上做出了重大贡献。付朝在《〈孙子兵法〉的结构和思想解读》一文中认为：“《孙子兵法》的年代大体与孔子同时，但孙子在辞章方面却取得了如此高的成就，绝非同时代的其他诸子可比。可以毫不夸张地说，《孙子兵法》以思想内容上和辞章形式上的超前成就，奠定了其在我国散文发展史上的坚实地位。”《孙子兵法》以其美妙的语言、精妙的修辞、奇妙的语境，营造了强大的“辞场”，像磁石一样紧紧地吸抓着读者的心。徜徉在《孙子兵法》的美学圣景之中，尽管被俊奇妙绝包围，尽管被流光溢彩淹没，但无法不在它的“辞”前驻足、凝目，无法不被它的“文章之妙”醉心、牵缠。

（一）诗气飘逸

《孙子兵法》的言语之间，升腾着一种激越与豪迈，飘荡着一种幽渺与奇谲，流淌着一种乐感与节律，洋溢着一种诗情与画意，彰显着一种超然与飘逸。它不是诗，但像古代的许多诗一样“缘事达情”“舍事言理”“意象即离”，有诗的情致、诗的意境、诗的练达、诗的幽深、诗的妙绝。

艺术上有诗画交辉，《孙子兵法》有诗武相映。苏东坡论唐代大诗人、画家王维（摩诘）的《蓝天烟雨图》说：“味摩诘之诗，诗中有画；观摩诘之画，画中有诗。诗曰：‘蓝溪白石出，玉山红叶稀，山路元无雨，空翠湿人衣。’此摩诘之诗也。或曰：‘非也，好事者以补摩诘之遗。’”无论这诗是谁人所作，都生动体现了诗与画的呼应、诗与画的妙姻、诗与画的交辉。宗白华《美学散步》说：“宋朝文人晁以道有诗云：‘画写物外形，要物形不改，诗传画外意，贵有画中态。’这也是论诗画的离合异同。画外意，待诗来传，才能圆满，诗里具有画所写的形态，才能形象化、具体化，不至于太抽象。”可以看出，诗在画中的作用不仅仅是点缀、补白，其最大功效在画意的传达与抒发。同样，《孙子兵法》取诗意入兵法，有意或无意之间助推了兵法精神的传达与抒发。

《军争篇》有曰：“故其疾如风，其徐如林，侵掠如火，不动如山，难知如阴，动如雷震。”这段话的诗情、诗意，完全可以借《诗经·大雅》中那首名叫《常武》的诗来感受和把握。特别是此诗第五章一段，与《孙子兵法·军争篇》所言格调几乎完全一致：“王旅啴啴，如飞如翰，如江如汉，如山之苞，如川之流。绵绵翼翼，不测不克，濯征徐国。”对此，《毛诗正义》释解说：

"兵法有动有静：静则不可惊动，故以山喻；动则不可御止，故以川喻。兵法应敌出奇，故美其不可测度。"当代学者姜南所著《学圃余力》说："如飞，疾也；如江，众也；如山，不可动也；如川，不可御也；绵绵，不可绝也；翼翼，不可乱也；不测，不可知也；不克，不可胜也。《孙子》曰：'其疾如风，其徐如林，侵掠如火，不动如山，难知如阴，动如雷霆。'《尉缭子》曰：'重者如山如林，轻者如炮如燔。'二子言兵势，皆不外乎《诗》之意。"孙武按照《诗》的格调，和着《诗》的韵律，乃至用《诗》的慧眼阐释兵法，为《孙子兵法》注入了诗魂、诗气，读来才有诗的感觉、诗的享受，对人方有诗的引力、诗的张力。

诗歌中有抒情言志，《孙子兵法》有情抒志显。"诗言志"这个命题，最早出现于《左传》和《尚书》，前者说"诗以言志"，后者直谓"诗言志"。唐代孔颖达在前人的基础上，对"诗言志"的命题重新进行了解释，明确地把"情""志"统一起来。他认为："由于外物的感动，人心中产生哀乐的情感，就叫'志'。把这种情感抒发出来，就叫'诗'。'诗'产生于情感的抒发，情感产生于人心对外物的感动。"（叶朗《中国美学史大纲》）《孙子兵法》之所以字里行间透着豪情、现着温情，原因就在于孙武是一个有家国情怀、有大理想大抱负的人。他凭借自己特有的诗人气质，把自己的"情"与"志"淋漓尽致地体现到了《孙子兵法》之中，让这部兵书有了诗那样的"情""志"统一。而在吴国的巨大成功，更让他有了一种荡气回肠的满足与自信，这自然也反映到了他的兵法之中。那种"微乎微乎""神乎神乎"的感慨，实际上也是孙武"情"与"志"的真实流露。

诗张扬语言的艺术，《孙子兵法》张扬诗性的语言。诗这种文体简直为张扬语言而生，它把语言用到极致化、精粹化，是语言的音符与节律，是语言最妙美的代言与"贴吧"。黑格尔说，诗是语言的艺术。这一点都不为过。《孙子兵法》在张扬诗性上，极尽其语言所能，文字之间有诗的刚劲挺拔，也有诗的轻灵与柔美；有诗的起伏跌宕，也有诗的平缓潺潺；有诗的繁花似锦，也有诗的朴实如妪。可以说，孙武是兵学界罕见的语言大师，《孙子兵法》以它特有的语言特色，营造出一种让人感觉不同的兵学意境。

《孙子兵法》中有诗，诗人眼中有《孙子兵法》。历史上许多诗人对孙武和《孙子兵法》格外关注，甚至揽入自己诗的世界。《全唐诗》中的一些诗歌，就折射出唐代诗人对孙武与《孙子兵法》的情感及认知。有的正面肯定孙武吴宫教战执法严明，有的怜香惜玉，批评孙武执法严酷；有的赞叹孙武的才华，有的感慨孙武拥有施展才华的良机；有的咏叹《孙子兵法》的价值，有的潜心研学《孙子兵法》。

在宋代，《孙子兵法》被北宋官方列入武经之首，赢得“兵学圣典”的独尊地位，更激起了诗人的关注。宋代诗人以多种视角探寻《孙子兵法》的魅力，林光朝从商业角度、徐玄等从弈棋角度、高登等从兵学角度、欧阳修从历史角度、方岳从建筑艺术角度，展现、检视《孙子兵法》的魅力。《全宋诗》有陆游的《夜读兵书》，其中诗曰：“八月风雨夕，千载孙吴书。老病虽惫甚，壮气颇有余。长缨果可请，上马不踌躇。岂惟鏖皋兰，直欲封狼居。万乘久巡狩，两京尽丘墟。此责在臣子，忧愧何时摅。南郑筑坛场，隆中顾草庐。邂逅未可知，旄头方扫除。”展现了南宋一代诗坛领袖风雨之夜不顾病体，认真研读《孙子兵法》和《吴子》、渴望报国雪耻的情怀和气概。另一位大诗人苏轼，对《孙子兵法》总体上持批评的态度，总是主张不学《孙子兵法》，主要原因就是担心世俗社会普遍接受《孙子兵法》的诡诈之术，可能引发社会问题与社会危机。但他同时又爱用《孙子兵法》，每每引用其言。比如，嘉祐年间，苏轼论宋西北边防形势时指出：“闻之兵法曰：‘先为不可胜，以待敌之可胜。’向者，臣愚以为西北虽有可胜之形，而中国未有不可胜之备。”又如，元丰和元祐年间，宋两次对夏采取攻势。苏轼敏锐地觉察到，攻势行动很可能使少数民族政权中原本相互斗争的势力联合起来对抗宋朝，如同《孙子兵法》所说：“夫吴人与越人相恶也，当其同舟而济，遇风，其相救也，如左右手。”对这种看法和担忧，他在元丰四年（1081）的《代滕甫论西夏书》等文中多次谈及。

诗人们与《孙子兵法》的不解之缘，主要是思想的力量使然，但也不能否认二者之间有诗的感应，他们或被孙武的诗人气质、被《孙子兵法》的诗气所动，所以心有灵犀一点通。

（二）语法灵动

孙武的文字造诣还体现在对字法、词法、句法的讲究上。《孙子兵法》的语法技巧，如绣针织花般灵秀，如雕刀刻石般犀利，如陶艺制瓷般多姿，如庖丁解牛般酣畅，为“辞”之美增色了许多。

在词法上，《孙子兵法》中词的构成、词的组合，以及词形的变化等，都极富特色，极具魅力。这里略举几个方面。

其一，对应使用反义字、反义词，形成一种衬托美。比如，《计篇》中有“能而示之不能，用而示之不用，近而示之远，远而示之近”，“卑而骄之，佚而劳之，亲而离之”；《作战篇》中有“故不尽知用兵之害者，则不能尽知用兵之利”；《形篇》中有“先为不可胜，以待敌之可胜”；《势篇》中有“乱生于治，怯生于勇，弱生于强”；《虚实篇》中有“能使敌自至者，利之也；能使敌不得至者，害之也”，“水之形，避高而趋下；兵之形，避实而击虚”；《军争篇》中有“避其锐气，击其惰归，此治气者也。以治待乱，以静待哗，此治心者也。以近待远，以佚待劳，以饱待饥，此治力者也”；等等。反义字、反义词运用范围之广，使用频率之高，映衬效果之好，实属罕见。

其二，连用“也”字，形成一种叠加美。《孙子兵法》表述观点多用判断句，每下一语，干脆坚定，从不拖泥带水、模棱两可。尤其是通过大量使用、连贯使用“也”字，形成对若干战争概念、军事原则、作战方法的肯定，充分体现了对战争规律认识与把握的自信，也形成一种叠加效应，提升了人们对其兵学理念的认同感与欣赏度。特别是《行军篇》连用三十一个“也”，把“相敌”之法用斩钉截铁、毋庸置疑的句式表达出来，具有无法抗拒的征服魅力，在文字表达上具有开创意义。对此，王阳明指出，《孙子兵法·行军篇》“连用‘也’字，文法开《醉翁亭记》法门”。清末林纾进一步指出：“《始古录》谓欧阳修《醉翁亭记》用‘也’字，东坡《酒经》用‘也’字，王荆公《度支郎中萧公墓铭》皆用‘也’字，不知谁相师法，然皆出《孙武子》十三篇中。”

其三，字、词叠用，形成一种幽深美。《孙子兵法》中的叠字，《军争篇》中有“正正”“堂堂”，即“无邀正正之旗，勿击堂堂之陈，此治变者也”。

另外，“善之善者也”在十三篇中多次出现，“善”字叠用，使要表达的程度无以复加，达到极致。关于叠词，《势篇》中有“纷纷纭纭”“浑浑沌沌”，即“纷纷纭纭，斗乱而不可乱也；浑浑沌沌，形圆而不可败也”。《虚实篇》中有“微乎微乎”“神乎神乎”，即“微乎微乎，至于无形，神乎神乎，至于无声，故能为敌之司命”。孙武以潺潺舒缓的语气，把战场异常杂乱的景象描摹得既幽深又形象，给人以玄妙感。《行军篇》中有“谆谆翕翕”，即“谆谆翕翕，徐与人言者，失众也”，对“失众者”形象的刻画，真可谓切骨入髓。

在句法使用上，《孙子兵法》彰显了创意，彰显了多姿，彰显了灵动，彰显了黏聚，既有一种锐意精雕之美，也有一种水到渠成之妙，还有一种随心所欲之得，实可谓“积句而成章”（刘勰语）。这里试举几例。

其一，句式活用，新实相济。清代刘熙载在《艺概·诗概》中说：“炼篇、炼章、炼句、炼字。总之所贵乎炼者，是往活处炼，非往死处炼也。”《孙子兵法》如诗，而在积句上超越了诗的板正，表现出很强的灵活性、随心美。一方面求新奇，就是借助积句技巧，特别是通过长短句的巧妙组合、灵活多变，体现出句式美、节奏美、韵律美；另一方面求实用，就是在使用骈句的同时，大量运用散句，以使文意通达流畅，避免以词害意，避免生涩讳意；在使用短句的同时，大量运用长句，以便阐明主张，厘清道理，就像通常所说的“有话则长，无话则短”，没有刻意拼凑、拙刀雕凿之嫌。有人评论说，从十三篇来看，骈少于散，短少于长，但又是骈散结合，长短相间，呈现在读者面前的是百句图。对此说，愚颇有同感。

其二，妙用词组，成语群立。孙武在《孙子兵法》中潜心创造了大量类型各异、结构俊美、字炼意确的固定词组。这固定词组经过几千年的习用传诵，已成为哲理四溢、字字瑰丽的成语。这些成语，就像串串珍珠镶嵌在《孙子兵法》各个句子之中，成为一道亮丽耀眼的风景线。如“百战百胜”“以佚待劳”“以碫投卵”“以迂为直”“避实击虚”“破釜沉舟”，如“立于不败之地”“致人而不致于人”“知彼知己，百战不殆”“攻其无备，出其不意”“令之以文，齐之以武”“投之亡地然后存，陷之死地然后生”，等等，无一不是精品、绝唱，无一不是美不胜收、余味悠长。《孙子兵法》中的成语，堪称祖国语言文化的瑰玉，值得张扬，值得品赏。

其三，肯否缀用，语效骤增。《孙子兵法》在肯定句与否定句，不仅连缀使用，而且灵活组合，特色鲜明，尽显逻辑的力量。比如，《计篇》的“将听吾计，用之必胜，留之；将不听吾计，用之必败，去之”，是肯定句与否定句的简单组合使用；《虚实篇》的“故知战之地，知战之日，则可千里而会战；不知战地，不知战日，则左不能救右，右不能救左，前不能救后，后不能救前”，是多个肯定句与多个否定句的组合使用；《地形篇》的“战道必胜，主曰无战，必战可也；战道不胜，主曰必战，无可战也”，则是多个肯定句与多个否定句的穿插组合使用。这些肯定句与否定句的连缀使用、巧妙组合，形成一种强有力的“语气场”，身处其间不为其所吸引、所动容都很难。

（三）修辞豪隽

孙武是修辞的高手，他几乎把所有修辞手法都富有创意地运用到他的兵书之中，如排比、比喻、夸张、对照、对偶、层递、顶真、重叠、形摹、分合、类比，等等，使《孙子兵法》成为名副其实的“修辞汇”。这里仅举几种。

排比。大量排比句的运用，让《孙子兵法》语气强劲，铿锵有力，读起来颇有排山倒海之畅。“是故军无辎重则亡，无粮食则亡，无委积则亡。”（《军争篇》）三个“无”与三个“亡”的连用，强烈烘托了后勤保障的地位与价值，让统兵者不敢有丝毫的含糊。“凡用兵之法，全国为上，破国次之；全军为上，破军次之；全旅为上，破旅次之；全卒为上，破卒次之；全伍为上，破伍次之。”（《谋攻篇》）五个结构相同、内涵相同、语气相同的陈述句连续使用，重复之中显露出一种自信与坚定，“喋喋不休”之中显露出一种责任与期盼。“校之以计而索其情，曰：主孰有道，将孰有能，天地孰得，法令孰行，兵众孰强，士卒孰练，赏罚孰明。”（《计篇》）七个结构一致、语气一致的疑问句连珠炮似的发出来，形成一种极具杀伤力、征服力的雄辩力量；也恰如骤然间在天空架起了一道七色彩虹，让人无法拒而不赏。“利而诱之，乱而取之，实而备之，强而避之，怒而挠之，卑而骄之，佚而劳之，亲而离之。”

(《计篇》)八个带“之”字的句子排在一起，形成一种浑然贯通、步步紧逼之势，阴柔之中透着壮美。“其疾如风，其徐如林，侵掠如火，不动如山，难知如阴，动如雷霆。”(《军争篇》)六个带“如”字的句子喷薄而出，层次井然，内容突出，气势雄浑，焕发出挺拔，焕发出稳健，焕发出霸气。

夸张。为了突出所要阐释的重要思想观点，引起人们的强烈共鸣，《孙子兵法》中常常使用夸张手法。在夸张运用上，多与比喻手法结合，从而更具感染力，更具张力。比如，《形篇》说：“故胜兵若以镒称铢，败兵若以铢称镒。”“镒”与“铢”是中国古代的两个重量单位，一镒等于24两，一两等于24铢，一镒就相当于576倍的铢。用“以镒称铢”来形容军事力量对比，显然是一种夸张。对此，王皙注：“言铢、言镒者，以明轻重之至也。”又如，《形篇》说：“故举秋毫不为多力，见日月不为明目，闻雷霆不为耳聪。”《势篇》说：“故善出奇者，无穷如天地，不竭如江河。”《军争篇》说：“其疾如风，其徐如林，侵掠如火，不动如山，难知如阴，动如雷震。”都是夸张手法的精彩运用。当然，最夸张的要数《形篇》的“善守者，藏于九地之下；善攻者，动于九天之上，故能自保而全胜也”，渲染至极，精彩至极。这些夸张手法的运用，既强化了思想内涵，也给人带来了美的愉悦。

对照。就是通过两种对立事物的对照或一种事物两个不同面的对比，使表达的立场、观点更鲜明、更突出、更具说服力。比如，《计篇》说：“将听吾计，用之必胜，留之；将不听吾计，用之必败，去之。”《作战篇》说：“故不尽知用兵之害者，则不能尽知用兵之利也。”《谋攻篇》说：“辅周则国必强，辅隙则国必弱。”《虚实篇》说：“故善攻者，敌不知其所守；善守者，敌不知其所攻。”《孙子兵法》中诸如“攻”与“守”、“速”与“久”、“迂”与“直”、“利”与“害”、“周”与“隙”、“近”与“远”、“佚”与“劳”、“饱”与“饥”、“治”与“乱”、“静”与“哗”的对照陈辞，运用之多、之精、之妙，让人叹为观止。

层递。顾名思义，就是按照一定的顺序将论述层层推进、步步深入，强化结论的不容置疑、不可动摇性。孙武在论辩的逻辑性上颇为见长，体现在修辞上尤其擅长层递手法的运用。仅《谋攻篇》就三次运用了层递手法。其一：

“凡用兵之法，全国为上，破国次之；全军为上，破军次之；全旅为上，破旅次之；全卒为上，破卒次之；全伍为上，破伍次之。”其二：“故上兵伐谋，其次伐交，其次伐兵，其下攻城。”其三：“故用兵之法，十则围之，五则攻之，倍则分之；敌则能战之，少则能逃之，不若则能避之。”这三处，既运用了排比手法，又运用了层递手法，两种手法相映生辉，读来既感磅礴之势，又觉逻辑之力。

顶真。就是精妙地使用首尾蝉联，营造余音绕梁、回味无穷的审美效果。《作战篇》说：“国之贫于师者远输，远输则百姓贫。”“近于师者贵卖，贵卖则百姓财竭，财竭则急于丘役。”《形篇》说：“地生度，度生量，量生数，数生称，称生胜。”从中可以看出，顶真手法的运用，使《孙子兵法》形成了诸多环环相扣的论理链条，“读来，余音袅袅、婉转悠扬”，极具说服力、感染力。

（四）字字赛珠

唐代诗人卢延让《苦吟》诗云：“吟安一个字，拈断数茎须。”而相传著名苦吟诗人贾岛也有“两句三年得，一吟双泪流”的慨叹。从一定意义上说，伟大“贵乎熬”，好文“贵乎炼”。这话用在《孙子兵法》与孙武身上十分贴切。清代刘熙载《艺概·文概》指出：“文以炼神炼气为上半截事，以炼字炼句为下半截事，此如《易道》有先天后天也。”王阳明则直言：《孙子兵法》“炼字、炼句，逼真《老子》”。《孙子兵法》是孙武反复雕琢、打磨、精炼出来的，每个字用得都极其讲究，许多字用得又极具异彩。比如，“善”“知”“察”“屈”“役”“趋”“孰”“譬”“拙”“巧”等等，镶嵌在文章之中，个个如珠玑般夺目。《行军篇》指出：“凡军好高而恶下，贵阳而贱阴，养生而处实。军无百疾，是谓必胜。”在这里，孙武用“好”“恶”“贵”“贱”这几个字，而不是用“宜”这一个字，来阐明驻军择地应把握的原则，既超逸又颇具灵气，有魅力极了。可以这样说，字在《孙子兵法》之中不仅仅是字：是字符，更是舞者，美妙之律由它韵动；是字声，更是音符，天籁之声由它演奏；是字义，更是画笔，醉心之景由它写就。《孙子兵法》中的字，可以概括为一个字：“美。”

有人说，玛格丽特·米切尔终生只有一部作品，那就是《飘》，但仅此一部，就足以让她在文学的历史上不会随风而逝。我要说，孙武终生只有一部兵学著作，那就是《孙子兵法》，但仅此一部，就足以让他在兵学历史上成为永远的“兵圣”，成为不朽的“美鸣者”。因为，孙武不仅立起了一座兵学思想的历史丰碑，而且打起了兵学之美学的千古大旗。

是为全书结语。

参考书目

[1] 叶朗著,《中国美学史大纲》,上海人民出版社1985年版。

[2] 宗白华著,《美学散步》,上海人民出版社1981年版。

[3] 张锡坤、姜勇、窦可阳著,《周易经传美学通论》,生活·读书·新知三联书店2011年版。

[4] 张法著,《中国美学史》,四川人民出版社2006年版。

[5] 寇鹏程、何林军编著,《美学》,西南师范大学出版社2014年版。

[6] 曾祖荫著,《中国古典美学》,华中师范大学出版社2008年版。

[7] 夏中义著,《朱光潜美学十辨》,商务印书馆2011年版。

[8] 华东师范大学中文系、华东师范大学美学与艺术理论研究中心编,《中国美学研究》(第六辑、第七辑),商务印书馆2015、2016年版。

[9]〔德〕弗里德里希·黑格尔著,寇鹏程译,重庆出版社2016年版。

[10]〔英〕鲍桑葵著,刘超编译,北京出版社2012年版。

[11] 易中天著,《中国智慧》,上海文艺出版社2011年版。

[12] 洪兵著,《东方战略学》,中国社会科学出版社2012年版。

[13] 晁福林著,《春秋战国的社会变迁》(上、下),商务印书馆2011年版。

[14] 薛宁东主编,《超越哈佛——21世纪孙子兵法应用讲坛精粹》(上、下),军事科学出版社2009年版。

[15] 军事科学院战争理论和战略研究部、中国孙子兵法研究会编,《孙

子兵法与现代战略——第七届孙子兵法国际研讨会论文集》，军事科学出版社2007年版。

[16] 纪洪波主编,《名家论孙子》，军事科学出版社2009年版。

[17] 姚有志、李文庆编著,《孙子兵法·党政干部读本》，军事科学出版社2009年版。

[18] 闻人军译注,《考工记译注》，上海古籍出版社2008年版。

人在江湖走，美在心中游（后记）

三十几年前离乡背井，长辈及乡邻说得最多的一句话就是，出去好好混，混出个人样来。三十多年过去，人生在“知天命”之后又晃荡了几载，“人样”混出来了吗？自己下意识地这么一问，心里竟怅怅然起来。

人在世上混，怎样才算混出了个“样”？是有了功名地位吗？是有了大业大产、挣了个盆满钵满吗？是有了美色陪伴、子达孙聪的满足吗？还是高朋满座、圈子圆盈？或是著作等身、翘楚可敌？恐怕都有道理，而似乎又缺点什么。怅惘之下，曾在一个场合就此问教于国内一德高才盛、名隆望重的大家，答曰：“人样，即美样。”面对一脸疑惑，他娓娓释解，说人只有做到了既“质”又“文”、“文质彬彬”，也就是内容美与形式美的统一，才是如孔老夫子所说的“君子”。这样的“君子”，以美为荣、以美为乐、以美为求、以美为责，给人美感，传人美蕴，引人美身，“修、齐、治、平”样样有范。这样的人，活出了美，才活出了“样”，比如冰心，比如杨绛，比如钱学森。愚以为：此言极是。求美、探美、扬美、筑美，才是人生的正途、人间的正道。于是，便有了触探孙子美学的冲动。

自从“攀”上了孙武、“恋”上了《孙子兵法》，孙子研究一直在我前行的路上。这些年，围绕“孙学”，读了不少的书，拜了不少的师，写了不少的字，有收获，也有缺憾；有自信，也有恐慌。当下，需要搁下笔，静静神，充充电。同时，也想转移一下“战场”，丰富一下笔端。

拙作是《孙子兵法》系列研究的第五本书，也算是“收官之作”，因而很想多下点功夫，写出点美感来，也不枉此书的主题与腔调。书名当初想叫《孙子兵学中的美学》或《向孙子兵法学美学》，但都觉有点白、有些俗，最后才取名《美眼看孙子》。“自序”的题目选了十多个，如《孙子兵学因美而兴》，但都不甚理想，最终定名《美溢力张亦风流》。但愿能写出美溢，写出风流。当然，这不过是一己之愿、心中旗杆而已。至于珠玑或石砾，学识与文字水平所限，只好顺其自然。

用极其简洁的语言对认识对象做一概括性的结论，是中国传统文化独有的特色。《论语》中，孔子就用三个字对《诗》做了最简约的概括：“《诗》三百,一言以蔽之，曰：‘思无邪。’”步圣人之尘，用二十四个独立的字来概述孙子美学，或许更有传统文化的味道，更易引起人们的兴趣与共鸣。《孙子兵法》实在是美味十足，二十四个“之美”难以穷尽其丽，但无意间暗合了一年二十四个节气，故似带有某种完美的意味。《美眼看孙子》举篇集力从美学角度赏析《孙子兵法》，固然有美溢醉人之感，但难说没有溢美误人之言。倘有睿者概之平溢，那定是妙美之事。至于拙作能否如己所愿、如朋友们所言，为孙子兵学研究打开一扇窗；能否如己所求、如一些学者所期，在兵学之美学研究上深垦补缺，还留待高人慧眼审量。

遗憾总是难免的，遗憾又是珍贵的，不忘却遗憾，不回避遗憾，人生或许就会超越遗憾，少留遗憾。

人生的旅程如四季交替，但季节有轮回，人生无重复，然其理多有相通。人生进入“知天命”的秋季，饶有一番“秋感”在心巅。人的年轮，有春，有夏，有秋，也有冬。天命难违，但冬不足惧，秋不足悲。人生当有春的生机、夏的炽热、秋的醇厚，但绝不允许有冬的寒酷。秋有果，秋有景，秋有韵，秋有蓄，但秋不仅仅是秋。秋不拒实，也莫贪收；秋要耕作，秋要勃发，秋要春色和夏浓。秋可以“无所为而为”，秋不可空叹“一江春水向东流”。回望昔日“醉里挑灯看剑”，忆想故往“梦回吹角连营”，今非当年辛弃疾，沙场秋点兵，何虑白发生？我想，一个人即便萧瑟秋风荡面，只要心中不结秋霜，或许一个超越的自我、超俗的“美样”、超凡的“人样”就出来了。

山东省书法家协会副主席徐华志先生欣然题写书名，着实令人“兴感怡悦”。由衷感谢家人、好友们的相知、相励、相扶！他们是伞，他们是树，我在荫下乘凉，我在林中散步。好美！

路秀儒

2017年11月于烟台紫郡城